AF456340

ARCHIVES DE LA NIÈVRE

COLLECTION

DU BOURG DE BOZAS

UN DIPLOMATE FRANÇAIS DU XVIe SIÈCLE

PHILIBERT DU CROC

PAR

PAUL DESTRAY

ARCHIVISTE-PALÉOGRAPHE

AVEC UNE PRÉFACE

DE

M. CH.-V. LANGLOIS

MEMBRE DE L'INSTITUT

DIRECTEUR DES ARCHIVES NATIONALES

NEVERS

IMPRIMERIE NOUVELLE L'AVENIR

4, Rue du Pont-Cizeau et 1, Rue du Rivage

MCMXXIV

A LA FAMILLE

DU BOURG DE BOZAS

BIENFAITRICE

DES

ARCHIVES DÉPARTEMENTALES

DE LA NIÈVRE

PRÉFACE

Les archives privées sont complémentaires des archives publiques pour la connaissance du passé. Mais elles sont exposées à plus de dangers encore. Il est rare qu'elles aient traversé les siècles sans avoir été, parfois, négligées ou dilapidées ; et, quelle que soit la sollicitude des détenteurs actuels, ils ne peuvent se dissimuler que ce qui en reste entre leurs mains est menacé, par la suite des temps, de vicissitudes analogues.

C'est pourquoi dans les pays, comme l'Angleterre, où les archives privées, même celles qui sont, en quelque sorte, d'intérêt national, n'ont jamais été l'objet de confiscations et de « triages » révolutionnaires, les familles de l'ancienne aristocratie qui en ont hérité les font volontiers classer et inventorier, secundum artem, *par les archivistes de l'État, ou même, pour les mettre définitivement à l'abri, les déposent bénévolement dans les archives publiques. Quelques-unes ont mis le comble à leur libéralité en finançant, en outre, les travaux scientifiques dont les papiers de leur maison ont été l'objet depuis qu'ils ont été placés ainsi à la disposition des érudits.*

Chez nous, où les fonds de ce genre, qui se sont transmis sans incident de génération en génération, sont relativement rares (et d'autant plus honorables à posséder), la tendance à les faire aménager, conserver et communiquer dans l'intérêt public commence seulement à s'accentuer. La Maison de La Trémoïlle a pris récemment une belle initiative à cet égard en faisant classer, dans les conditions où cela se pratique depuis longtemps en Grande-Bretagne, les magnifiques chartriers de Thouars et de Serrant, et en permettant la publication de l'inventaire qui en a été dressé par les soins de la Direction des Archives de France. Or, presque simultanément, MM. du Bourg de Bozas, dont les archives familiales, comme celles des La Trémoïlle, contenaient nombre de « papiers d'État » (parce que quelques-uns de leurs ancêtres ont exercé aussi de hautes fonctions dans l'État), ont donné, de leur côté, un autre exemple, aussi parfait en tous points.

M. le marquis et M. le comte du Bourg ont offert, en 1921, aux Archives départementales de la Nièvre leurs papiers de familles, qui forment aujourd'hui dans la série 2 F de ce dépôt le « fonds du Bourg de Bozas ». Ils ont, en outre, décidé de procurer la publication, en fascicules tirés à 150 exemplaires, des documents de ce fonds les plus importants pour l'histoire.

Le premier fascicule, que je suis heureux de présenter ici au public, contient les papiers généalogiques et diplomatiques de Philibert du Croc, qui fut envoyé de France en Écosse en 1566, 1567 et 1572, soit quarante documents jusqu'à présent inconnus, contemporains des règnes de François II et de Charles IX, dont des lettres de Catherine de Médicis et de ses fils.

L'histoire des papiers du personnage à qui ces lettres sont adressées ou ont appartenu est esquissée par M. Paul Destray, archiviste de la Nièvre, dans la Notice qui suit (p. 26). On apprend là que MM. du Bourg de Bozas n'en possédaient qu'une partie, celle qui avait été apportée dans leur Maison par une alliance contractée en 1714 avec une descendante directe de Philibert du Croc. D'autres pièces de la même provenance ont été vues à diverses époques dans les chartriers d'autres branches issues de la même souche (branches des du Croc de Brassac, des La Roche Lambert-Montfort, archives de M. de Viry, etc.)

Cela posé, plusieurs partis s'ouvraient devant M. P. Destray. Ou bien, après une esquisse rapide de ce que l'on savait jusqu'alors de Philibert du Croc, indiquer ce que les documents nouveaux, tirés du fonds du Bourg de Bozas, sont de nature à y ajouter et les publier intégralement. Ou bien entreprendre, d'après toutes les sources connues ou connaissables, le portrait du personnage et un tableau aussi complet que possible de son activité.

Je crois que M. Destray a eu raison de ne pas s'arrêter à ce dernier projet. Il ne le pouvait pas, en vérité ; car, comme il le déclare, il lui était « matériellement impossible de puiser aux sources britanniques » ; et qu'est-ce qu'une monographie sur Philibert du Croc qui ne tiendrait pas compte des « sources britanniques », extraordinairement abondantes au Public Record Office de Londres et ailleurs? D'assez longs séjours en Angleterre et en Écosse seraient indispensables pour épuiser la matière.

D'autre part, M. Destray ne s'est pas résigné à adopter la première méthode dans toute sa rigueur. Non pas qu'elle fût, en principe, injustifiable ; mais alors son exposé aurait été nécessairement un peu nu. Il a donc pris le parti intermédiaire de tresser les documents nouveaux qu'il apportait, non pas avec tous les documents connaissables par ailleurs, mais avec ceux que lui faisaient connaître les publications antérieures à sa portée, dont quelques-unes sont d'ailleurs assez rares [1]. *Il a tracé ainsi une esquisse provisoire qui, puisqu'elle se présente comme telle et comporte l'énumération des sources utilisées, est théoriquement irréprochable. Quant à l'exécution, elle est ce que l'on peut et doit attendre d'un archiviste départemental, c'est-à-dire excellente.*

CH.-V. LANGLOIS.

(1) On s'étonne que l'auteur n'ait pas pu (p. 29) obtenir communication de la *Correspondance de Bertrand de Salignac de La Mothe-Fénelon* (qu'il savait d'ailleurs « extrêmement riche en documents concernant du Croc »). Si cette Correspondance avait été manuscrite au Cabinet des manuscrits de la rue Richelieu, elle lui aurait été envoyée aux Archives de la Nièvre, sans difficulté. Mais, s'agissant d'un imprimé, cela a été déclaré contraire au Règlement de la Bibliothèque nationale. Il y a donc, dans ce Règlement, quelque chose à modifier. En Allemagne et aux États-Unis, non seulement les hommes qualifiés ne se voient jamais refuser par les plus grandes Bibliothèques publiques la communication avec déplacement des ouvrages rares dont il est certain qu'ils ont besoin pour leurs travaux, mais l'on s'ingénie à faire connaître aux spécialistes à quels dépôts ils peuvent s'adresser pour demander un livre de ce genre avec la certitude qu'il y est et qu'ils l'y obtiendront. Ce système, si contraire à la tradition française, fonctionne, en fait, sans abus ni inconvénients, sous réserve de précautions élémentaires, partout où il est en vigueur.

PHILIBERT DU CROC

INTRODUCTION

LA FAMILLE DU CROC

Tout à côté de la ville de Thiers, en Auvergne, le Croc[1] était une petite seigneurie, qui, au milieu du XVIIe siècle, ne comportait que le château, avec ses dépendances, vingt séterées de terre, trente ouvrées de prés, cent ouvrées de vignes et cinquante séterées de bois taillis, plus une dîme rapportant annuellement 26 livres 13 sous 4 deniers, vingt et un setiers et deux quartons de seigle et huit setiers et deux quartons et demi d'avoine[2]. Ce fief a donné son nom à une famille dont les représentants ont maintes fois rempli des fonctions importantes, soit dans l'Église, soit auprès des rois de France.

Dès la fin du XIIe siècle, en 1195, nous trouvons un Girard, ou Giraud, *de Cros*[3], archidiacre de Clermont[4], qui devient archevêque de Bourges en 1209 et meurt en 1218[5].

Un siècle après, Pierre *de Croso*, est chanoine de Clermont, puis de Paris; devenu évêque de Clermont en 1302, il meurt le 25 sep-

---

[1] Actuellement, *le Cros*, château, à trois kilomètres environ au nord de Thiers, dominant la route nationale de Moulins à Nîmes. Voir : Carte au 1/80.000e.

[2] Dénombrement du 20 juillet 1675. Le fief relève de la baronnie de Thiers, alors entre les mains de Mademoiselle de Montpensier. La dîme s'étendait sur les paroisses de Saint-Genest et de Saint-Jean de Thiers, du Moûtier de Thiers, de Dorat, Escoutoux, Orléat, Bulhon, Vinzelles, Paslières et Saint-Remy, toutes paroisses aujourd'hui communes de l'arrondissement de Thiers, au département du Puy-de-Dôme. (Arch. dép. Nièvre, 2 F, fonds du Bourg de Bozas).

[3] Retenons que le *c* final ne doit pas se prononcer dans le nom propre, pas plus que dans le nom commun. Le nom du diplomate est orthographié *du Cro* dans la lettre de Gonnor (6 novembre 1558, document nº V) ; et, dans les preuves de Malte de Guillaume du Croc, on trouve à plusieurs reprises la forme *du Cros*. La graphie *Cros* est d'ailleurs adoptée par les auteurs de la carte au 1/80.000e pour désigner non seulement le château de la famille du Croc, mais encore un écart de Thiers, à deux kilomètres nord-est de la ville.

[4] *Gallia Christiana*, tome II, colonne 273. En parcourant la *Généalogie de la maison du Croc*, du chevalier de Courcelles, on remarquera que plusieurs membres de cette famille furent chanoines de la cathédrale de Clermont.

[5] *Gallia Christiana*, tome II, colonne 63.

tembre 1304 [1]. Il avait prêté serment en septembre 1302, en présence d'Adémar *de Cros*. En ce qui concerne ces deux personnages, ils paraissent bien avoir appartenu à la famille qui nous intéresse, car la *Gallia Christiana*, tout en donnant à l'évêque de Clermont le nom *du Cros*, ajoute en une note marginale : « Aliqui tamen legunt *du Croc.* »

En 1309, un Pierre *de Crozo* est notaire au diocèse du Puy [2].

En 1384, *Pontius de Crotis* est chanoine de Notre-Dame du Puy [3]; et un peu plus tard, en 1417, semblable fonction est remplie par Pierre *de Crotis* [4].

Du côté laïc, les renseignements abondent, grâce, entre autres documents, aux preuves fournies par plusieurs du Croc pour entrer dans l'ordre de Malte, et aux titres produits par devant M. de Fortia, intendant d'Auvergne, lors de la recherche de la noblesse, en 1666; si bien que la généalogie de cette famille remonte, sans lacune, jusqu'à la fin du XIIIe siècle [5].

Au vrai, dès 1219, on rencontre un Pierre de Croc, chevalier, cité dans une charte de croisade. Mais c'est là tout ce qu'on sait de ce personnage et il faut attendre à 1284 pour trouver l'origine de la filiation suivie. A cette date, Chatard, seigneur du Croc, damoiseau, transige avec le chapitre de Thiers, relativement à la dîme de sa terre du Croc et pour d'autres dîmes situées dans la paroisse de Saint-Remy [6].

D'après ce que nous avons vu plus haut, touchant la consistance de la seigneurie du Croc, il s'agit bien ici d'un ancêtre de Philibert. Chatard eut trois fils : Pierre; Hugues, cité comme damoiseau en 1320; et Amblard, qui vivait, ainsi que Hugues, en 1328.

Pierre du Croc rend hommage pour sa maison et motte d'*Alcros*, paroisse de Thiers, le mercredi, fête de Saint-Hilaire, 1305. A sa mort, il ne laissait qu'une fille, Marguerite, dame du Croc, dont la tutelle fut exercée par ses oncles, Hugues et Amblard, lesquels firent hommage en son nom pour la maison et motte *de Crozo*, le jeudi après la Toussaint 1328.

---

[1] Chevalier (U.), *Répertoire des sources historiques du Moyen-Age. Bio-bibliographie*, n. éd., Paris, in-4°, 1905-1907, v° *Pierre du Cros*. — *Gallia Christiana*, tome II, colonne 283 et note.

[2] *Gallia Christiana*, tome II, colonnes 241 et 242, *instrumenta*.

[3] *Gallia Christiana*, tome II, colonne 415.

[4] *Gallia Christiana*, tome II, colonne 754. — Dans ce relevé, nous laissons délibérément de côté, en raison de leur origine limousine, Jean de Cros et les deux Pierre de Cros qui, au XIVe siècle, furent tous trois cardinaux. (Chevalier, *Bio-bibliographie*, v° Cros).

[5] Nous suivons ici la généalogie donnée par le comte H. de Chabannes (*Preuves pour servir à l'histoire de la maison de Chabannes. Supplément, II*, Dijon, Imprimerie Jobard, 1921, in-4°, pages 597-608), d'après celle qui a été publiée par Gaston de Jourda de Vaux (*Les Châteaux historiques de la Loire*, tome II, page 216).

[6] Saint-Remy-sur-Durolle, Puy-de-Dôme, arrondissement de Thiers, chef-lieu de canton. — Le renseignement est donné par le chevalier de Courcelles : *Généalogie de la maison du Croc* (extraite du tome X de l'Histoire généalogique et héraldique des pairs de France...), Paris, 1829, in-4°, page 1.

Cette Marguerite du Croc épousa, avant 1335, Pierre [ou Perrot] Bedoc [ou Berloc], damoiseau, qui fut substitué aux noms et armes de la famille du Croc et qui rendit hommage, pour son hôtel du Croc, le dimanche après la fête de l'Annonciation 1335 [1].

La généalogie se poursuit ensuite de façon continue, et nous n'y insisterions pas autrement si les documents ici publiés ne permettaient d'ajouter quelques précisions nouvelles à ce qu'on sait par ailleurs.

Le grand-père de Philibert, Martin du Croc, avait épousé Anne-Marguerite de Chandorat de Mons, petite-nièce de Jean de Chandorat, évêque du Puy [2]. M. Gaston de Jourda de Vaux, à qui nous devons ces détails [3], ajoute qu'il était dit aussi *Berloc.* Les preuves de Malte fournies pour Guillaume du Croc, en 1562, spécifient qu'il était aussi appelé *Bedot,* ce qui nous fixe une fois de plus sur l'inutilité phonétique du *c* final pour *Bedoc* comme pour *du Croc.*

C'est avec Martin du Croc que paraissent disparaître les dernières traces de la famille alliée des Berloc ou Bedoc.

Aucun de ses fils, en effet, ne voit joindre l'appellation à son titre : ni Antoine du Croc, écuyer, qui fut gouverneur de la vicomté de Valerne [4] en 1524; ni Geoffroy du Croc, chevalier de l'ordre de Saint-Jean de Jérusalem, commandeur de Charriers; ni, à plus forte raison, le fils aîné, Gilbert, qui allait auréoler le nom du Croc d'une solide réputation militaire. Qu'il ait été marié, dès 1513, avec Philippe de Saillans, issue d'une vieille famille d'Auvergne, et que divers contrats nous le fassent mieux connaître que ses auteurs, là n'est pas le point important. Il paraît bien, en effet, que, selon la tradition familiale, il suivit de bonne heure les armées royales, au point de devenir, un jour, un vieux routier des Guerres d'Italie, fort apprécié lors de la campagne de Naples de 1528, où il mourut. Sa réputation était bien assise et les chroniqueurs n'ont garde de l'oublier. C'est Vieilleville [5], racontant que, le comte Philipin étant menacé d'une attaque de la part de Hugues de Moncade, Lautrec lui envoie « quatre cents arquebusiers lestes et bien choisis, sous la conduite de M. du Croq, *vieil capitaine gascon et fort expérimenté* » ; les quatre cents reviennent cinquante et victorieux. C'est Martin du Bellay [6], exposant les suites funestes de

---

[1] L'Histoire de la maison de Chabannes renvoie sur ce point aux archives de M. André de Viry. — Nous laissons les dates sous la forme même donnée par les auteurs qui nous les ont fournies : leur détermination, en effet, présente quelques difficultés qui ne pourraient être résolues qu'en présence des documents originaux.

[2] *Gallia Christiana,* tome II, colonne 725.

[3] Généalogie reproduite dans l'Histoire de la maison de Chabannes.

[4] M. de Jourda de Vaux écrit Valerne ; le chevalier de Courcelles indique Valence.

[5] Édition Petitot, 1re série, tome XXVI, page 37.

[6] Édition Buchon, page 433. D'après l'Histoire de la maison de Chabannes, Gilbert du Croc aurait été *tué* au siège de Naples ; cependant, Martin du Bellay semble indiquer de façon fort explicite qu'il mourut de l'épidémie qui sévit au camp des Français à la fin du mois de juillet 1528.

cette expédition : « Et mesmement y mourut le seigneur de Lautrec, ..., le seigneur du Croq, ... ».

LA VIE DE PHILIBERT DU CROC

On ne connaît pas exactement la date de naissance du futur ambassadeur. Le chevalier de Courcelles n'en dit rien; non plus que M. Jourda de Vaux; par contre L. Sandret [1], ainsi que le comte de La Ferrière dans son édition des *Lettres de Catherine de Médicis* [2], la fixent aux environs de 1515, date qui paraît fort vraisemblable : en effet, dans les preuves de Malte fournies par son fils Guillaume, en 1562, Guillaume de Tournebise, parrain du candidat, déclare que Philibert « a trente-cinq ans passés suyvy la armée », tandis que les autres déposants, Jacques de Ravel et Antoine de Neuville, certifient qu'il *a continué le service* des rois de France depuis vingt à vingt-deux ans. A en croire ces témoignages, — et leur exactitude n'est pas douteuse pour d'autres points, — Philibert aurait commencé l'exercice des armes dès 1527 et serait entré à la cour du roi vers 1540-1542.

Qu'il l'ait dû à la renommée de son père ou bien à sa valeur personnelle, le fait est que le jeune du Croc se fit rapidement une brillante situation.

Le 25 juin 1542 [3], il épousait Renée de Malvoisin, dont l'aïeul, Bernard, et le père, François, avaient fait campagne l'un aux côtés de Bernard, bâtard de Bourbon, l'autre avec le fameux Connétable [4].

Nommé échanson du Dauphin, duc de Bretagne, le 25 juillet 1544 [5], il prête serment le 1er août suivant, à Amiens. Il succède dans cette charge à François de Coligny, seigneur d'Andelot, frère cadet de l'illustre *Amiral de Châtillon*. C'est un fait décisif dans la biographie de Philibert du Croc : dans la suite, le second Dauphin de Bretagne deviendra le roi François II, il épousera Marie Stuart, et le gentilhomme auvergnat demeurera pour la vie leur fidèle et dévoué serviteur.

Le 15 mars 1546, nouveau style, du Croc est en son château, à

---

[1] Sandret (L.), *Ambassades de Philibert du Croc en Écosse (1565-1572). Étude historique, suivie d'une notice sur la maison du Croc, en Auvergne*. Paris, J.-B. Dumoulin, 1870, in-8, 40 p. (Extr. de la *Revue historique nobiliaire*, septembre et novembre (1869). — Ce mémoire est très rare, du moins sous la forme de brochure tirée à part, si bien qu'il a échappé aux investigations des éditeurs des *Lettres de Catherine de Médicis*. C'est pourquoi nous avons cru devoir reproduire, en notes, les documents inédits qu'il publie.

[2] Tome II, pages 56-57, note (Collection des Documents inédits).

[3] Contrat reçu Chopin, notaire, cité par Courcelles, *op. cit.*, page 4.

[4] Preuves de Malte de Guillaume du Croc : déposition de Pierre de Chauvigny, seigneur de Blot-l'Église.

[5] Voir plus loin, document no I. — Le brevet ne mentionne pas que du Croc ait été antérieurement pourvu d'une charge ni d'une dignité quelconque.

Thiers, où il donne dénombrement [1] au roi pour le fief noble de Trigneux [2], relevant de la châtellenie d'Usson [3].

Le 9 août 1547, à Villers-Cotterets, Henri II, lui fait don [4], à partager avec le seigneur *de Cherlus*, comme lui gentilhomme servant de la maison du roi, de l'amende et confiscation auxquelles semble devoir être bientôt condamné le sieur de Jardon, de la Basse-Marche, pour les vols et autres crimes dont il s'est rendu coupable.

Ensuite, c'est une période de dix années, de 1548 à 1558, pendant lesquelles nous ne trouvons aucune donnée sur les faits et gestes de notre héros. Non pourtant qu'il fût demeuré inactif, loin de là : c'est la trace seule de ces actions qui nous manque et nous ne pouvons nous en faire quelque idée qu'en recourant, une fois de plus, aux preuves de Malte de son fils. A cette occasion en effet, Jacques de Ravel dépose, le 27 avril 1562, que le père du postulant « a esté envoyé en plusieurs ambassades par les Roys, mesmes en Anglaterre, en Piémond, en Escousses, en Flandres, à Callaix, à Bollogne et plusieurs autres voiages.... »

Or nous retrouverons du Croc en Piémont, en 1558, et il licenciera des bandes piémontaises en 1560; la négociation relative à Calais concerne certainement la préparation, ou l'application, du traité du Cateau-Cambrésis (1559); dès 1559 aussi, il est chargé de porter à Édimbourg des lettres de François II et de Marie Stuart à la Régente, mère de la jeune reine, pour lui annoncer l'arrivée des troupes françaises envoyées à son secours contre les protestants insurgés [5] ; en septembre et novembre de cette même année, il est chargé de diverses missions diplomatiques par la régente Marie de Lorraine [6], et nous verrons Marie Stuart, quittant la couronne de France pour celle d'Écosse (1561), garder du Croc comme premier échanson.

Reste donc l'Angleterre, ou du Croc devait par conséquent être allé dès avant 1558 et où il paraît avoir fait ses débuts dans la carrière sous la direction d'un des plus illustres diplomates français : le comte

---

[1] Pièce sur parchemin, du fonds du Bourg de Bozas. D'autre part, le chevalier de Courcelles, dans la *Généalogie* (page 4), fixe aussi au 15 mars 1546 un hommage rendu au Dauphin *pour la seigneurie du Croc*. Plutôt qu'une confusion entre les deux seigneuries, il paraît plus vraisemblable d'admettre que, le même jour, Philibert du Croc aura profité de sa présence en Auvergne pour mettre en ordre toutes ses affaires. Courcelles, en effet, semble n'avoir pas eu connaissance des documents que nous publions ici, ni même de l'inventaire des titres de noblesse produits, en 1666, par Charles et Gaspard du Croc, devant M. de Fortia, intendant d'Auvergne (Bibliothèque de Clermont-Ferrand, manuscrit nº 553). Cet inventaire, en effet, signale, outre la plupart des documents ici publiés, le contrat de mariage et le testament de Philibert du Croc, ainsi que le dénombrement *pour la châtellenie d'Usson*.

[2] Trigneux ou Tridieux, hameau de la commune de Brenat, Puy-de-Dôme, arrondissement d'Issoire, canton de Sauxillanges. La carte au 1/80.000e porte le château de Tredieu.

[3] Puy-de-Dôme, arrondissement d'Issoire, canton de Sauxillanges.

[4] Voir le texte du brevet, document nº 11.

[5] Voir L. Sandret, *op. cit.*, page 4, note 1.

[6] A. Teulet, *Relations politiques de la France et de l'Espagne avec l'Écosse au* XVIe *siècle*, tome I, Paris 1862, in-8, pages 355, 360, 361, 373.

de La Ferrière assure en effet qu'il fut secrétaire d'Antoine de Noaillles, ambassadeur en Angleterre de 1553 à 1556 [1]. Nous regrettons vivement que cette affirmation ne soit appuyée d'aucune référence et, tout en adoptant cette opinion [2], nous ne pouvons nous empêcher de remarquer que du Croc n'est pas cité dans les *Ambassades de Messieurs de Noailles en Angleterre, rédigées par feu M. l'abbé Vertot* (Paris, 1763, 5 vol. in-12).

Cette hypothèse est d'autant plus vraisemblable qu'aussitôt après le mariage de Marie Stuart, des témoignages plus fréquents nous permettent de jalonner la carrière de du Croo.

A la fin de 1558, au moment des conférences de Cercamp, il est envoyé auprès du maréchal de Brissac, gouverneur du Piémont, dont on connaît l'opposition tenace aux négociations qui devaient aboutir au traité du Cateau-Cambrésis. Et ce n'est pas un des moindres signes du temps qu'il ait soin de se munir, outre la lettre de service signée par le roi, d'un mot de recommandation émanant de François de Guise [3]. L'ancien secrétaire de Noailles avait déjà solide réputation et valeur éprouvée : Guise lui reconnaît la *suffisance* [4], terme qu'il ne faudrait pas interpréter au sens péjoratif où l'ont fait tomber nos contemporains ; le roi le recommande, comme « homme qui saiche parler, respondre et retenir » ; en définitive, c'était dès lors un personnage de marque : c'est tout naturellement que Gonnor, ne pouvant aller le voir avant son départ du Piémont, lui envoie un secrétaire chargé d'instructions orales et d'un billet tout amical [5]. François de Montmorency lui accorde un entretien qui paraît bien avoir été de quelque importance et, ayant omis de lui parler d'un de ses secrétaires qu'il désirait voir entrer au service du Connétable, son père, ne néglige pas de lui faire écrire à ce sujet une missive appuyée de quelques lignes autographes [6].

L'année 1559 s'écoule presque tout entière, sans nous fournir aucun renseignement : à ce moment, le rôle du diplomate est achevé, puisque le traité du Cateau-Cambrésis est signé dès le début de l'année. D'autre part, l'avènement au trône de François II n'a pu manquer d'entraîner un surcroît d'obligations pour son premier échanson qui,

---

[1] *Lettres de Catherine de Médicis*, tome II, pages 56 et 57.

[2] C'est aussi l'opinion de Sandret : « Il [du Croc] paraît avoir été employé d'abord comme secrétaire d'Antoine de Noailles », (*op. cit.*, p. 3). Et Sandret renvoie à Teulet, *op. cit.*, tome I, page 351 et 356. Or, l'édition de Teulet que nous avons eue entre les mains (Paris, 1862, in-8) mentionne bien du Croc aux pages 355, 360, 361 et 373, mais c'est au chapitre de l'ambassade de *Gilles* de Noailles, abbé de l'Isle, et notre diplomate agit alors comme émissaire de Marie de Lorraine, régente d'Écosse. — Ajoutons que le comte de La Ferrière paraît bien avoir ignoré la publication de Sandret.

[3] Les deux lettres sont datées du 20 octobre. Voir documents nos III et IV.

[4] La même qualité est donnée par Marie Stuart à du Croc. Voir plus loin lettre de mars 1563.

[5] Document no V, du 6 novembre 1558.

[6] Lettre du 11 novembre 1558. Document no VI.

le 12 novembre 1559 [1], est nommé premier échanson de la reine Marie Stuart, en remplacement du défunt seigneur de Layac [2]. Nous avons vu qu'en septembre et novembre il est chargé de diverses missions par la reine-régente d'Écosse. De retour en France, il est chargé, le 22 juillet 1560, d'aller licencier quatre bandes françaises, venues de Piémont, cantonnées à Beaugency [3], Illiers [4], Bonneval [5] et Olivet [6]; il rendra compte au roi du refus, par la ville de Beaugency, de recevoir la bande qui y avait été envoyée [7].

Du Croc était-il au nombre des quelques fidèles de Marie Stuart, qui l'accompagnèrent en juillet 1561, lorsqu'elle partit pour l'Écosse au mépris de la marine anglaise ? Nous croyons plutôt qu'il fut laissé à Paris pour servir d'intermédiaire entre la reine d'Écosse et les Guise : c'est ainsi qu'il retourne en Écosse, apportant une lettre du connétable de Montmorency, lettre dont Marie Stuart accuse réception le 10 novembre 1561 [8]. Mais Catherine de Médicis n'était pas reine à perdre un diplomate aussi éprouvé, d'autant que les occasions de l'utiliser ne manquaient pas, loin de là. Du Croc rentre en France au début de juillet 1562 [9]. Au débotté, la reine-mère l'envoie en mission auprès du duc de Savoie, qu'il quitte vers le 10 septembre [10].

A la suite de l'assassinat du duc de Guise par Poltrot de Méré (18 février 1563), du Croc fut envoyé en Écosse par Catherine de Médicis pour annoncer à Marie Stuart la mort de son oncle et lui exprimer les condoléances de la Cour de France [11]. Deux mois plus tard (15-20 mai), il est encore en Écosse, à l'occasion d'un projet de

---

1 Voir document n° VII.

2 Ce seigneur de Layac paraît être demeuré à peu près inconnu à la Cour de Marie Stuart : le brevet de du Croc laisse en blanc son nom. Dans ce mot, le c final n'était pas prononcé et l'on trouve le nom de l'échanson écrit *Laya* dans l'état de la maison de Marie Stuart (1560) publié par Louis Paris : *Négociations, lettres, etc., relatives au règne de François II*, page 746 (Collection des Documents inédits). Cette considération phonétique nous incline à rapprocher la seigneurie de *Layac* des noms de lieux *Layat* que l'on trouve à plusieurs exemplaires dans la Loire et le Puy-de-Dôme. — Notons que Teulet (*op. cit.* tome I, page 352) indique M. de Layac comme courrier entre Gilles de Noailles, ambassadeur en Angleterre, et Nicolas de Pellevé, évêque d'Amiens, envoyé en Écosse. Lettre du 17 septembre 1559.

3 Loiret, arrondissement d'Orléans, chef-lieu de canton.

4 Eure-et-Loir, arrondissement de Chartres, chef-lieu de canton.

5 Eure-et-Loir, arrondissement de Châteaudun, chef-lieu de canton.

6 Loiret, arrondissement et canton d'Orléans.

7 Voir document n° VIII.

8 « ... La lettre que m'avez escripte, et que m'a rapporté de votre part, à son retour par deça, le sieur de Cros... » Texte donné par Labanoff, *Lettres de Marie Stuart*, I, page 118. Nous citons d'après L. Sandret, *op. cit.*, page 3.

9 Son passeport date du 25 juin. Document n° IX.

10 Passeport du maréchal de Bourdillon, 10 septembre 1562. Document n° X.

11 Cf. Lettre de Marie Stuart à Catherine de Médicis, mars 1563 : « Madame, la démonstration qu'il vous a plu me faire en depeschant du Croc pour me consoler de la perte sy grande que j'ay faite par la mort de feu M. le duc de Guise, mon oncle... ; je prie le sieur du Croc de vous dire de ma part, quel je vous prie croire comme moy-mesme de tout ce qu'il vous dira..., remetant sur sa suffisance, que je trouve très grande pour estre emploié en trop plus grande chose, qui me faira vous prier le favoriser toujours comme l'un de vos meilleurs subgects et serviteurs. » — Lettre publiée par L. Sandret, *op. cit*, pages 3-4.

mariage entre l'archiduc Charles, le plus jeune fils de l'empereur Ferdinand Ier, et Marie Stuart [1]. Au début de juin, nous le trouvons en Savoie, portant à la Duchesse une lettre de Catherine de Médicis [2]. Au commencement d'août, il est à Vienne, accompagnant l'évêque de Rennes [3], ambassadeur de France auprès de l'empereur, et, au milieu de septembre, il est de retour à Paris [4].

Mais du Croc ne pouvait perdre de vue les affaires d'Écosse et, les choses lui paraissant s'y gâter, il proposa à Marie Stuart de retourner auprès d'elle : mis au courant, le cardinal de Lorraine approuve entièrement son projet et ne néglige pas, au milieu des négociations du Concile de Trente, de lui envoyer de Rome ses félicitations pour les services rendus dans le passé et ses promesses pour l'avenir ; le cardinal lui donne le titre de *gentilhomme servant de la royne d'Escosse* [5].

Nous ignorons quelle suite fut donnée à ce projet : tous renseignements nous manquent, en effet, sur les faits et gestes de du Croc jusqu'à 1565 [6]. Encore n'est-ce qu'une brève mention d'un mémoire en italien adressé, en août de cette année, au grand-duc de Toscane, Côme Ier de Médicis : « *Il re mandò per risedere appresso di lei* [Marie Stuart], *con titol d'Ambasciatore, Monsignor Croch* [7]. » Du Croc aurait-il, à ce moment, été chargé de représenter officiellement le roi de France, lors du mariage de Marie Stuart avec Darnley, célébré le 29 juillet 1565 ? Le fait est possible et cela expliquerait le titre d'ambassadeur. En tout cas, il n'y demeura pas, puisqu'au début de 1566, dès la nouvelle reçue de la mort de Riccio et des complications que cet assassinat ne pouvait manquer d'entraîner, il est envoyé en Angleterre [8], avec mission de passer en Écosse pour y ménager la

---

[1] Voir l'abrégé des lettres de Randolph, écrites d'Écosse à sir W. Cecil, ministre d'Élisabeth d'Angleterre. Nous citons d'après L. Sandret, *op. cit.*, page 4 :

« Le 15 mai, arrivée de du Croc en Écosse. Sa mission consiste à sonder l'esprit de la reine touchant son mariage avec le plus jeune fils de l'empereur, projeté par le cardinal de Lorraine, son oncle... »

« Le 20 mai, départ de du Croc, qui avait l'ordre de faire part à la reine d'Angleterre de sa mission en Écosse... »

[2] *Lettres de Catherine de Médicis*, tome II, pages 56 et 57.

[3] Il s'agit ici de Bernardin Bochetel, neveu de Jean de Morvilliers, évêque d'Orléans. Bochetel fut d'abord abbé de Saint-Laurent, au diocèse d'Auxerre, actuellement au département de la Nièvre. Il fut ensuite nommé, mais non consacré, à l'évêché de Rennes, qu'il résigna en 1566. Il joua surtout un rôle important dans la diplomatie, en Suisse d'abord, puis en Allemagne. — Dès 1561, Bochetel avait reçu de la reine-mère des instructions pour manœuvrer contre le projet de mariage entre la reine d'Écosse et l'archiduc Charles (*Lettres de Catherine de Médicis*, tome I, page 186).

[4] *Lettres de Catherine de Médicis*, tome II, page 97.

[5] Lettre du 18 octobre 1563. Document no XI.

[6] Nous savons cependant que, le 4 juillet 1564, il est à Lezoux (chef-lieu de canton du Puy-de-Dôme, arrondissement de Thiers) où il fait dresser la copie en forme d'un contrat de vente du 11 octobre 1526. Cf. Arch. dép. Nièvre, 2 F, fonds du Bourg de Bozas, vo Lezoux.

[7] L. Sandret, *op. cit.*, page 4, d'après Labanoff, *Lettres de Marie Stuart*, tome VII, page 63.

[8] Récit du meurtre de Riccio. Document no XII. — Du Croc se trouvait en Angleterre en même temps que Bertrand de Salignac de La Mothe-Fénelon.

réconciliation des divers partis. La reine Élisabeth ne se décida que vers le 1er mai à lui accorder le passeport dont il avait besoin [1]. Au début de juillet, nous trouvons du Croc auprès de Marie Stuart [2].

Il n'y avait pas alors, en Écosse, d'ambassadeur français en titre, mais l'importance des événements qui s'y précipitaient obligeait la Cour de France à se tenir au courant par le moyen d'émissaires familiers avec les traditions locales. Du Croc a simplement le titre de *Conseiller et maistre d'hostel ordinaire du Roy très chrestien, en Escosse* [3], ou bien de *gentilhomme ordinaire de la chambre du Roy* [4]. Castelnau de Mauvissière qui, en 1565, avait été envoyé en mission officielle auprès de Marie Stuart, retourne l'année suivante, au mois de juillet, à Édimbourg, *visiter le roy et la royne de par Leurs Majestés* [5].

En fait, ces formules officieuses et vagues ne font que déguiser des réalités tout à fait substantielles ; il s'agit avant tout de maintenir la tradition des bons rapports entre l'Écosse et la France et, pour y parvenir, le meilleur moyen paraît être d'apaiser, au pays qui devait être célébré par Walter Scott, les querelles intestines qui l'ont si longtemps désolé. C'est ce qu'avait fort bien compris du Croc, et c'est à quoi il s'efforce de tout son possible ; qu'il ait ou non la charge officielle d'ambassadeur, il agit comme s'il en était revêtu et, d'ailleurs, nous verrons que tout le monde le traite comme tel.

La naissance du fils de Marie Stuart (19 juin 1566) parut à du Croc l'occasion opportune pour commencer sa mission de réconciliation générale par la restauration de la bonne intelligence dans le ménage royal. Le comte de Lennox, père de Darnley, s'était tenu à l'écart de la Cour depuis le meurtre de Riccio : du Croc lui écrivit et lui fit écrire par le roi de France ; la réponse, assurément très déférente à l'égard de Charles IX et de son représentant, n'atteste qu'une fidélité hautaine et froide envers la reine d'Écosse [6].

---

[1] Lettre de Catherine de Médicis à du Croc, du 10 mai 1566. Cf. *Lettres de Catherine de Médicis*, tome II, page 359.

[2] Lettre de l'archevêque de Glasgow à du Croc, du 12 juillet. Document nº XIII.

[3] 12 juillet 1566. Document nº XIII.

[4] 2 novembre 1566. Document nº XVI.

[5] 12 juillet 1566. Document nº XIII.

[6] Des correspondances échangées à cette occasion, nous ne connaissons actuellement que le texte de la réponse du comte de Lennox, publié par Sandret, d'après l'original (*op. cit.*, pages 6 et 7).

[*Adresse au dos :*] « A Monsieur du Croc, ambassadeur de la Majesté du Roy très crestien.

« Monsieur du Croc, je n'ay non seullement receu la lettre que m'avés escrite ensemble une aultre de mon frère d'Aubigny, pour lesquèles je vous remercie de bien bon cueur, mais aussy une lettre de la Majesté du roy très crétien vostre maistre, pour laquelle je le remercie très humblement. Et quant au contenu d'icelle, Sa Majesté pourra bien estre asseuré que je ne fauldray à accomplir son désir touchant mon debvoir envers ma souverayne, et serois bien mary que Sa Majesté eust aultre opynion de moy, sy non que de demeurer tousjours fidelle serviteur et subget envers ma dicte soverayne, et aussy tousjours prest à honorer et servir Sa Majesté selon mon povoir.

« Oultre plus j'ay aperceu, tant par la lettre de mondict frère d'Aubigny que par mon serviteur Nesebet, la bonne affection que portés envers moy et les myens, dont je me tiens graudement obligé envers vous ; et povés bien estre asseuré que, s'il y a plessir que je vous

Du Croc ne fut nullement découragé par ce demi-succès : il ne cessa de persévérer dans le rôle de conciliateur qui lui avait été assigné. S'il ne put aboutir à la restauration de la bonne harmonie dans le ménage royal, du moins doit-on constater qu'il réussit à grouper autour de la reine toute la noblesse écossaise [1]. Lennox lui-même quitta sa hautaine réserve et ne négligea pas d'aider, vainement hélas! à la réconciliation des époux royaux . Mais si, de ce côté, les événements se déroulaient de façon satisfaisante, par ailleurs de gros soucis vinrent à du Croc, du fait de la santé chancelante de la reine.

Nous avons vu que Castelnau de Mauvissière, le 12 juillet 1566, avait été envoyé en Écosse pour *visiter le roy et la royne de par Leurs Majestés :* c'était, en réalité, sous couleur d'apporter les félicitations de la France à l'occasion de la naissance de l'héritier présomptif, un moyen de s'enquérir avec précision de ce qui se passait à la cour d'Édimbourg. Or, à l'arrivée de Castelnau, Marie Stuart, malade, venait de quitter cette ville pour le château d'Alloa, d'où elle écrivit à du Croc (28 juillet), en le priant de lui faire connaître si la réception de l'envoyé de Charles IX ne pourrait être remise à deux ou trois jours [3].

Trois mois après, en octobre 1566, la reine retomba malade et, cette fois, assez gravement pour que son entourage eût à redouter une issue fatale : elle reçut l'extrême-onction et manda du Croc auprès

---

puise fère, vous me pourés emploier comme ung des plus proches amys que ayés. Et remercie Dieu que j'ay a ceste heure mon désir, en ce que j'ay tousjours souhaité ung tel personnage que vous estes près des Majestés de la royne et du roy mon fils, portant la bonne affeccion que je congnois parfaitement que avés envers eulx. Je vous envoys la response de la lettre que mon frère m'a escrite, laquèle je vous prie de luy envoier par le premyer [courrier] que vous despêcherés en France; qui sera la fin, après me estre recommandé très afectueussement à vostre bonne grace, je prieray Dieu, monsieur du Croc, vous avoir en sa saincte garde.

« De Glasquo, ce XIIIIe jour de juillet.
« Vostre bien bon et asseuré ami,
[*Signé :*] « Mathieu LENNOX. »

[1] C'est un des gros griefs que Darnley formule contre la reine, son épouse : « ... qu'il n'est suivy de personne et que toute la noblesse a abandonné sa compagnie... ». Cf. Lettre adressée par les seigneurs du Conseil privé d'Écosse à Catherine de Médicis, 8 octobre 1566, dans Teulet, *op cit.*, tome II, page 288.

[2] C'est Lennox lui-même qui annonce à Marie Stuart l'intention où se trouve Darnley de quitter l'Écosse, intention qu'il s'est efforcé de combattre : « ... nonobstant toutes les remontrances qu'il luy ayt faictes, qu'il n'avoit peu gagner ce point de luy faire changer d'oppinion... ». Cf. Lettre susdite, du 8 octobre 1566, *eodem loco*, page 285.

[3] Lettre publiée par Sandret, *op. cit.*, pages 7 et 8. Nous reproduisons ici le texte donné d'après un original endommagé.

[*Adresse au dos :*] « A monsieur du Croc, maistre d'hostel et conseiller du Roy, monsieur mon frère.

« Monsieur du Croc, j'ai receu vostre lettre, par laquelle vous m'avertissez de l'arrivée de [M[r] de Mo]vissière; que je suis bien marye n'avoir esté avant mon partement. [Je voul]droys bien que vous prinsiés la peine de vous enquerir si c'est [p]our chose si importente que je ne puisse différer d'icy à deux [ou trois] jours. Autrement je y provoyerés, encores que je me trouve pas [très bien. Ad]jousté que l'on m'a promis de me guérir. Je seroys bien ayse que vous [me disie]z vostre oppinion par mon frère de Moras qui, je pense, partira demain [pour ve]nir icy, ou autrement vous pourrés dire à monsieur de Rosse, et il [me le dir]a. Pryant Dieu, monsieur du Croc, qu'il vous doinct très longue vie. [D'Alloa, ce] 28e jour de juillet 1566.

« Votre bien bonne amye,
[*Signé :*] « MARIE, R. »

d'elle pour le prier d'écrire à la Cour de France qu'elle mourait dans la foi de ses pères, la foi catholique [1]. L'ambassadeur reçut à ce moment pleins pouvoirs d'agir pour le mieux, auprès des nobles écossais, dans l'intérêt du prince héritier [2]. Cependant, la reine se remit, non toutefois sans demeurer souffrante longtemps encore, autant de chagrin que de maladie ; c'est ainsi que, le 2 décembre 1566, elle se trouve à Craigmillar et du Croc écrit d'elle : « Elle est entre les mains des médecins et je vous assure qu'elle n'est pas du tout bien. Je crois que la plus grande partie de son mal consiste dans un profond chagrin.... [3]. »

C'est au milieu de telles conjonctures que s'effectuaient les préparatifs du baptême. Dès le 28 septembre [4], Charles IX avait annoncé qu'il se faisait représenter par Jean de Luxembourg, comte de Brienne. Mais la santé chancelante de la reine fit reporter la cérémonie jusqu'au 17 décembre. Du Croc, accompagné du comte de Brienne, porta le petit prince de sa chambre à la chapelle [5] et, dans une lettre à l'archevêque de Glasgow [6], il donna un récit fort intéressant de cette solennité. Jean de Luxembourg ne tarda pas à revenir en France ; mais, durant son séjour en Écosse, il avait pu apprécier la valeur de du Croc et nous savons, par deux lettres de lui [7], en quelle estime il tint l'ambassadeur de France.

Or quelques semaines seulement après le retour en France du comte de Brienne, qui rapportait au roi des nouvelles plus favorables de la situation en Écosse [8], subitement la mort de Darnley (10 février 1567) venait mettre le comble aux troubles qui désolaient ce malheureux pays. Où se trouvait du Croc à ce moment? Sandret [9] conteste

---

[1] Le fait est connu par une lettre de D. Francès de Alava, ambassadeur d'Espagne à Paris, adressée à Philippe II, à la date du 10 novembre 1566. Voici le texte des paroles de Marie Stuart, telles qu'elles ont été traduites par le diplomate espagnol : « Embaxador, la voluntad de Dios es que yo salga deste mundo, y assi yo voy alegremente à sus pies de misericordia. Heos embiado a llamar para que scrivais al Rey mi hermano y à la Reyna mi madre, como muero creyendo y manteniendo lo que hizieron mis antecessores, que es en la fee catholica. » Cf. Teulet, *op. cit.*, tome V, page 18.

[2] Lettres de Charles IX et de Catherine de Médicis, en date du 2 novembre 1566. Documents nos XV et XVI.

[3] Lettre de du Croc à l'archevêque de Glasgow, ambassadeur d'Écosse à Paris. Cette lettre est partiellement reproduite par Sandret (page 11), d'après Keith, *op. cit.*

[4] Lettre de Charles IX à du Croc. Document nº XIV.

[5] Détail donné par Sandret (page 11), d'après Keith, *op. cit.*

[6] Lettre du 26 décembre 1566, reproduite par Sandret (pages 11-12), d'après Keith, *op. cit.* Cette lettre nous apprend que la reine elle-même a voulu que le prince reçût le prénom de Jacques en même temps que celui du roi de France, « parce que, disait-elle, tous les bons rois d'Écosse, ses prédécesseurs, les plus dévoués à la couronne de France, ont porté ce nom de Jacques ».

[7] Lettres du 26 décembre 1566 et du 27 janvier 1567, publiées par Courcelles, *op. cit.*, pages 14 et 15. — « ... J'ay un tel déplaisir d'estre privé de votre compagnie que je ne m'en puys consoler, sinon par lettres... » (26 décemdre 1566). — « ... Je me tiens tant obligé à vous qu'il ne sera jamais que je ne m'en resente envers vous ou les vostres, je n'obliray à le recongnoistre... » (27 janvier 1567).

[8] Voir lettre de Charles IX, du 19 janvier 1567. Document nº XVIII.

[9] Sandret, *op. cit.*, page 12, d'après Keith, *History of Scotland*, pages 360 et 369. C'est

l'une des affirmations de Keith *(History of Scotland)* suivant lesquelles l'ambassadeur se serait trouvé à Londres le jour même de l'assassinat et se serait hâté de regagner Édimbourg, où il serait arrivé le 21 février. Mais les documents aujourd'hui connus permettent de réformer les affirmations de Keith et l'assertion de Sandret lui-même, d'après laquelle du Croc, peu de temps après le baptême du prince d'Écosse, serait revenu en France après un séjour indéterminé à Londres. Nous savons en effet que, par dépêche du 19 janvier 1567, Charles IX exprimait à son ambassadeur le désir qu'il avait de le voir demeurer à son poste jusqu'à la Saint-Jean [1] et ce désir royal, — ou cet ordre pour mieux dire, — lui était rappelé par une lettre de Jean de Luxembourg, du 27 janvier [2].

D'autre part, comment interpréter ce passage d'une lettre de Catherine de Médicis adressée, le 27 février 1566 [3], au connétable de Montmorency ? Lui annonçant la mort de Darnley, « set jeune fu », la reine-mère écrit : « C'eyt grent heur pour la royne ma fille d'enn estre defayste au condision que nous avons entendu par le Croc qué la voyt. » Bien souvent, il est vrai, le style et la pensée de Catherine sont difficiles à démêler ; pourtant, il semble que la mort de Darnley ait été annoncée au roi de France par du Croc lui-même, venu tout exprès d'Écosse. Et comme du Croc se trouvait être l'homme de la situation dans une conjoncture aussi grave, il fut, quelques heures ou quelques jours après [4], appelé en toute hâte auprès du roi et expédié en Écosse sans délai [5]. Il n'eut que le temps de se démettre de ses dignités de premier échanson de la reine Marie Stuart [6] et de gouverneur et maître de la garde-robe du marquis d'Elbeuf [7], pour redevenir ambassadeur de France en Écosse, charge qu'il devait remplir officiellement et effectivement jusqu'à la fin de juin de cette même année.

A la suite du meurtre de Darnley, on connaît quels déplorables événements marquèrent cette funeste année 1567 : le mariage avec

---

d'après une lettre de sir W. Cécil qu'au dire de Keith, du Croc se serait trouvé à Londres le 10 février 1567.

[1] Voir la lettre de Charles IX, du 19 janvier 1567. Document nº XVIII.

[2] Voir Courcelles, *op. cit.*, pages 14 et 15. La lettre est, à tort, datée de 1566. En réalité, elle est de 1567. N'oublions pas que nous nous trouvons, à ce moment, juste aux années où le style de la Circoncision est substitué à celui de Pâques, ce qui provoque de nombreuses erreurs de chronologie.

[3] *Lettres de Catherine de Médicis*, tome III, page 14.

[4] Lettre de Catherine de Médicis du 1er mars 1567, suivant Courcelles, *op. cit.*, page 15, ou du 8 mars 1567 d'après le comte de La Ferrière, tome III, page 16. Courcelles semble publier cette lettre d'après l'original, tandis que le texte des Documents inédits est établi d'après une copie du *Record Office*.

[5] « ... Cependant je feray tenir vostre despesche, affin que vous ne perdiez point de temps... ». Lettre du 1er-8 mars 1567.

[6] Il figure encore comme premier échanson sur l'état des gages alloués aux dames et aux officiers de la maison de Marie Stuart, daté du 13 février 1567. (A. Teulet, *Négociations politiques de la France et de l'Espagne avec l'Écosse au XVIe siècle*, tome II, Paris, 1862, in-8º, page 270). Un de ses fils est en même temps panetier de la reine.

[7] Voir lettres patentes du 4 juin 1578. Document nº XXXIX.

Bothwell, le déchaînement furieux des passions politiques plus aiguës que jamais, les hostilités ouvertement déclarées entre le parti de la reine et les seigneurs écossais, enfin Marie Stuart tombée au pouvoir de ses adversaires et détenue captive au château de Lochleven. Nous verrons plus loin comment, dans de telles circonstances, du Croc s'efforça de jouer jusqu'au bout son rôle de conciliateur. Ce fut en vain, et il quitta l'Écosse au début de juillet, malgré le désir exprimé par Charles IX et Catherine de Mécidis de le voir demeurer à son poste [1].

Il revint à Paris le 12 juillet, rendit compte au roi du fâcheux état [2] où se trouvait, à son départ, le royaume de Marie Stuart et se retira dans son château d'Auvergne. Mais il ne devait pas tarder à en être rappelé pour le service du roi.

On sait comment, trompant la vigilance de Tavannes, le prince de Condé et l'amiral Coligny quittèrent Noyers, le 23 août 1568, pour La Rochelle, où ils organisèrent l'armée protestante qui devait livrer la bataille de Jarnac. Le maintien dans la fidélité royale d'une province telle que l'Auvergne était d'une importance capitale et cela ne pouvait échapper à la Cour, toute surprise qu'elle eût été par les événements : le 5 octobre 1568, le roi prescrivait [3] à du Croc d'aller incontinent rejoindre M. de Saint-Hérem, lieutenant général au gouvernement d'Auvergne, « pour la garde et conservation en mon obéissance de mond. pais d'Auvergne ».

Et voilà notre gentilhomme parti pour de nouvelles aventures. Était-il à Jarnac ? à Moncontour ? Il est plus vraisemblable que Catherine

---

[1] Lettre du 29 juin 1567. Document nº XXV. Le 5 juillet encore, Catherine de Médicis lui fit écrire par son secrétaire, de L'Aubespine, la lettre suivante, reproduite d'après Sandret, *op. cit.*, pages 17 et 18 :

« Monsieur, je ne fais doubte que l'occasion pour laquelle vous escripvez tant de vostre partement de là ne soyt à vostre jugement et à la congnoissance que vous avez des affaires qui se présentent bien pertinente. Mais comme l'on n'a pas délibéré icy de les laisser ainsi pour les mouvementz qui en peuvent advenir, Leurs Majestés désirent singulièrement que vous n'en partiez pas encores pour les raisons que vous entendrez par leurs lettres et estoyent prestz de faire partir ung gentilhomme pour aller devers vous, lequel suivant vostre advis ils retardèrent jusques au retour du sieur de Villeroy que nous attendons bientost ; estant bien marry de vous veoir en ceste peine et avecques si peu de moyen. A quoy je feray pourveoir par l'aller dudict gentilhomme à rembourcer les deux voyaiges que avez paiez tant à Vincent que à Mingnon et si je povois vous faire plus de service, esloignez que nous sommes, croyez, je vous supplie, que ce seroyt de bien bon cueur, duquel je me recommande humblement à vostre bonne grâce. Jay mis dans ce paquet deux lettres de Mgr le cardinal de Lorraine, l'une à la royne sa niepce, et l'autre à vous. Par où vous sçaurez assez comme ceste voye luy desplaist.

« De Saint-Germain-en-Laie, le Ve juillet 1567.

« Votre humble serviteur,

[*Signé :*] « De L'AUBESPINE. »

[2] « ... Le piteux estat auquel y sont les affaires... » Voir Teulet, *op. cit.*, tome II, page 328. — En dépit de la réserve observée par du Croc, ou plutôt à cause d'elle, l'ambassadeur d'Espagne en France avait deviné juste : « Llego ayer el embaxador ordinario que este Rey tiene en Escosia à gran diligencia, tant cerrado que no se le puede sacar palabra : que es argumento claro que no veen las cosas de aquel reyno como aqui dessean. » Lettre du 13 juillet 1567, dans Teulet, *op. cit.*, tome V, page 28.

[3] Document nº XXVI.

de Médicis l'ait utilisé pour ses innombrables négociations. Au début de 1570, il est à La Rochelle, d'où Jeanne d'Albret lui donne un passeport pour revenir auprès du roi [1]. Le 4 août, de concert avec Dolu, conseiller du roi et secrétaire de ses finances, il est chargé de négocier, pour Charles IX, un emprunt auprès des notables parisiens [2]. Au commencement de décembre 1571, il est envoyé auprès des ducs de Guise et d'Aumale et du marquis du Maine, pour leur signifier, de la part du roi, qu'ils aient à s'abstenir de venir à la Cour en trop nombreuse compagnie [3].

En 1572, nous le retrouvons en Écosse, où il est envoyé [4] comme ambassadeur avec mission de travailler à l'apaisement des querelles de partis et de conclure entre eux une suspension d'armes d'abord, puis une paix générale ensuite. Le représentant de la France en Angleterre est alors Bertrand de Salignac de La Mothe-Fénelon, avec lequel il échange une volumineuse correspondance [5] depuis longtemps imprimée et que nous regrettons vivement de n'avoir pu utiliser. Aussi passerons-nous rapidement sur cette ambassade de 1572 en nous bornant à signaler, d'après le plan que nous nous sommes tracé, que le mémoire de Sandret apporte sur ce sujet une contribution de trois pièces inédites, savoir : deux lettres de Catherine, du 22 avril [6] et du

---

[1] 11 février 1570. Document n° XXVII.

[2] Voir document n° XXVIII. — Par ailleurs, nous savons qu'en 1570 un du Croc assiste, à Clermont, à un conseil tenu pour la défense du pays (Teilhard de Chardin (E.), *De la conduite de Gaspard Montmorin Saint-Hérem, gouverneur d'Auvergne, après la Saint-Barthélemy*, dans *Bulletin historique et scientifique de l'Auvergne*, 2e série, 1897, page 206, note 3.

[3] Lettre du 2 décembre 1571. Document n° XXIX. C'est le moment où Catherine de Médicis se rapproche pour quelques mois du parti protestant.

[4] Son passeport est en date du 8 février. Document n° XXX. — Dès le mois de novembre précédent, Charles IX était décidé à envoyer du Croc en Écosse : voir lettre du 2 novembre 1571, citée par Sandret, *op. cit.*, page 20, d'après la *Correspondance diplomatique* de La Mothe-Fénelon. Le 30 octobre, le roi avait adressé à du Croc la lettre de convocation suivante, que nous reproduisons d'après Sandret, *eod. loco.*

[*Adresse :*] « A Monsieur du Crocq, mon conseiller et maistre d'hostel ordinaire.

« Monsieur du Crocq, ayant à vous employer en quelque affaire qui importe grandement au bien de mes affaires et services, je vous prye que incontinent la présente receue vous montez à cheval pour me venir trouver la part que je seray. A quoy m'asseurant que ne ferez faulte, je ne vous diray riens davantaige, ains prieray Dieu, monsieur du Croc, qu'il vous ayt en sa saincte garde.

« Escrit à Vaujour, le XXXe jour de octobre 1571.

[*Signé :*] « CHARLES. »

[5] Voir : *Correspondance diplomatique de Bertrand de Salignac de La Mothe-Fénelon, ambassadeur en Angleterre de 1568 à 1575*, publiée par M. Charles Purton-Cooper, Paris, 1838-1840, 7 vol. in-8.

[6] Voir Sandret, *op. cit.*, page 26.

[*Adresse :*] « A M. du Croc, chevalier de l'ordre du Roy, maistre ordinaire de son hostel et son ambassadeur en Écosse.

« Monsieur du Croc, pour ce que le Roy, monsieur mon fils, vous faict entendre la conclusion du traicté d'entre luy et la Roync d'Angletterre, et que le sieur de Lamothe-Fénelon vous envoira les articles faisant mention de l'Escosse, je ne vous feray plus longue lettre, m'asseurant que vous n'oublirez rien de tout ce qui vous a esté cy-devant mandé, et que vous nous tiendrez ordinairement adverty de tout ce qui se passera par delà. Priant Dieu, monsieur du Croc, qu'il vous ayt en sa saincte et digne garde.

« Escript à Bloys, XXIIe jour d'avril 1572.

[*Signé :*] « CATHERINE. »

26 juin [1], et une du duc d'Anjou [2], elle aussi du 26 juin. Enfin, la présente publication ajoute huit textes nouveaux touchant cette ambassade.

Du Croc paraît être rentré en France au début de novembre 1572 [3]. Il se retire dans sa province natale qu'il semble bien n'avoir plus quittée jusqu'à sa mort. En ce qui concerne ces dernières années de sa vie, quelques documents seulement nous permettent de jalonner sa biographie : si peu nombreux qu'ils soient, ils suffisent cependant pour nous autoriser à affirmer que, dans sa retraite, l'ancien ambassadeur continua de jouer le même rôle de conciliateur qu'il avait eu si fréquemment l'occasion d'assumer.

Le 27 mars 1575, nous le trouvons [4] à Lezoux, où il procède à un échange de biens avec Jean de Senetaire, seigneur de Fontenille. Il est à ce moment qualifié de chevalier de l'ordre du roi, seigneur du Croc, de Ligonne [5], de Fontenet [6] et du Fieu [7].

---

[1] Voir Sandret, *op. cit.*, page 28.

[*Adresse* :] « A mons. du Croc, chevalier de l'ordre du Roy, son conseiller maistre d'hostel ordinaire et son ambassadeur en Escosse.

« Monsieur du Croc, nous avons veu par voz despesches le peu d'esperance que vous avez de moyenner une bonne reconciliation entre les Escossois, pour l'annimosité qui est entre eulx. Sur quoy le Roy, monsieur mon filz, a advisé d'en escrire à mon cousin le duc de Montmorency, pour adviser avec la royne d'Angleterre, madame ma bonne sœur et cousine, ce qui s'y debvra faire, ainsy que vous verrez par les lettres que le Roy, mondit sieur et filz, vous escript ; suivant lesquelles vous aurez cependant à entretenir lesdictz Escossois du mieulx que vous pourrez pour les amener à ce que nous désirons. Et m'asseurant que vous vous y emploierez de toute votre affection, je ne vous feray ceste lettre plus longue, que pour vous dire, s'il vient à vacquer quelques bénéfices, nous aurons souvenance de vous et tiendray la main que vous en soiez gratiffié, comme vous le méritez. Priant Dieu, monsieur du Croc, qu'il vous ait en sa saincte et digne garde. Escript au chasteau de Boulogne ce XXVIe jour de juin 1572. »

[*Signé* :] « CATHERINE. »

[2] Voir Sandret, *op. cit.*, page 29.

[*Adresse* :] « A mons. du Croc, chevalier de l'ordre du Roy, son conseiller, maistre d'hostel ordinaire et son ambassadeur en Escosse.

« Monsieur du Croc, vous verrez par les lettres que le Roy, mon seigneur et frère, vous escript, ce qui se peult pour le présent respondre à voz dernières despesches, ayant advisé mon beau frère, monsieur le duc de Montmorency, du peu de moyen que vous voyez de réconcilier les subjectz d'Escosse, afin qu'il regarde ce qui se debvra faire pour parvenir à cela : cependant je vous prye, suivant le contenu de ses lettres, advancer tousjours ce que vous pourrez en cest affaire, et s'il est possible amener lesdictz Escossois à suivre l'intention du Roy, mondict seigneur et frère, laquelle ayant bien considérée ils trouverront ne tendre qu'à leur salut commun. En quoy m'asseurant que vous ferez tout ce que nous attendons de votre dextérité, je prieray Dieu, monsieur du Croc, qu'il vous ayt en sa saincte garde. Escript au chasteau de Bouloigne, le XXVIe jour de juin 1572.

« Vostre bon ami,

[*Signé* :] « HENRY. »

[3] Courcelles, *op. cit.*, page 18, date, à tort, du 25 avril 1573 une lettre adressée par Charles IX à du Croc. L'erreur s'explique, du fait qu'avec les chiffres arabes de cette époque, il est difficile de distinguer le 2 du 3. Mais il faut lire 1572 : outre que le texte le veut, la lettre est datée de Blois et, au 25 avril, la Cour est à Blois en 1572 et à Fontainebleau l'année suivante. Voir l'*Itinéraire*, dans *Lettres de Catherine de Médicis*, tome X, page 583.

[4] Arch. dép. Nièvre, 2 F, fonds du Bourg de Bozas, vº Lezoux.

[5] Ligonnes, Puy-de-Dôme, commune et canton de Lezoux, arrondissement de Thiers.

[6] Fontanet, Puy-de-Dôme, commune de Saint-Georges-ès-Allier, canton de Vic-le-Comte, arrondissement de Clermont-Ferrand.

[7] Le Fieux, Puy-de-Dôme, commune d'Isserteaux, canton de Vic-le-Comte.

L'année suivante, le duc d'Alençon lui envoie des instructions [1] touchant le choix des députés pour les États généraux de Blois.

En 1578, il offre ses bons offices à Marie Stuart, par l'intermédiaire de l'archevêque de Glasgow; mais la reine est aigrie contre lui, elle le rend responsable de la situation douloureuse où elle se trouve; elle répond, parlant de son ancien échanson : « Je ne m'y veulx, en façon que ce soit fyer, la preuve que j'en ai faicte m'ayant cousté trop cher par le passé [2]. »

En 1583 [3], il est chargé par M. de Saint-Hérem d'apaiser un conflit entre plusieurs gentilhommes d'Auvergne [4].

Lors des troubles de la Ligue, en 1585, Henri III lui écrit [5] pour faire appel à sa fidélité. Le 20 juin de cette même année, François de Bourbon, duc de Montpensier et Dauphin d'Auvergne, le remercie des bons offices que les habitants de Thiers ont souvent reçus de lui et de son fils et le prie de vouloir bien les continuer à l'avenir [6]. Il fait son testament le 2 mai 1587 [7] et meurt quelque temps après, la même année que Marie Stuart.

Les services qu'il avait rendus paraissent lui avoir valu plus de considération que de richesses. Charles IX lui avait promis, par lettres patentes du 20 mai 1573 [8], une pension de deux mille livres en faveur d'un de ses enfants; mais cette promesse demeura sans effet. C'est seulement en 1578 que le roi Henri III lui accorda une pension de six cents livres sur la recette des finances de Riom [9].

La récompense était minime, pour des services aussi longs et aussi dévoués. Ceux-ci du moins eurent le privilège de garder intacte la mémoire de Philibert du Croc, en dépit des années et des siècles, du moins jusqu'à notre génération. En 1870, en effet, Sandret peut écrire [10] que « le souvenir de son mérite et de ses services s'est perpétué jusqu'à nos jours dans son pays natal aussi bien que dans l'Écosse, où il exerça les fonctions d'ambassadeur. » Et une note

---

[1] Lettre du 19 septembre 1576. Document n° XXXVIII.

[2] Texte reproduit par Sandret, *op. cit.*, page 35, d'après Labanoff.

[3] On trouve, au fonds du Bourg de Bozas, un registre intitulé : « C'est le receu des cens et rantes deuz à puissant seigneur messire Phelibert du Croq, chivallier de l'ordre du Roi, seigneur dud. lieu, Ligonne, Fontanet, du Feo, dans la ville de Lezoux, Condourat, la Varnadel, Prasriche, Orlcat, Crevent, Dorat, Noalhat, Bulhon, Ravel, Sainct-Jehan-d'Eurs, à commansés à lever par Jehan Bezot, recepveur par led. seigneur pour les années mil Vᶜ soixante dix neuf, quatre vingtz, quatre vingtz une. Bezot. » Une feuille de papier, épinglée au verso du premier feuillet, porte cette inscription, qui paraît être de la main de Philibert du Croc : « J'ay verifié le receu de Bezot jusques à Anthoynette Voyzère. »

[4] Lettre de du Croc à M. de Saint-Hérem, du 16 avril 1583. Document n° XLI.

[5] Lettre du 30 avril 1585. Document n° XLII.

[6] Cité par Courcelles, *op. cit.*, page 4.

[7] Ce testament, reçu Vinzelle, notaire, est signalé par l'inventaire des titres de noblesse produits devant M. de Fortia (Bibliothèque de Clermont-Ferrand, manuscrit 553, fol. 140-149).

[8] Ces lettres patentes sont rappelées par celles de 1578.

[9] Lettres patentes des 4 juin et 17 juillet. Documents nᵒˢ XXXIX et XL.

[10] Sandret, *op. cit.*, page 37.

précise : « Le portrait de Philibert du Croc figure dans les galeries de tableaux historiques de plusieurs grandes maisons d'Écosse, et sa mémoire est popularisée dans les notices sur Marie Stuart, qui se distribuent aux visiteurs d'Holy-Rood et des autres lieux illustrés par la résidence de cette princesse. »

LE CARACTÈRE DE PHILIBERT DU CROC ET L'IMPORTANCE DE SON ROLE

On se tromperait fort si, sous prétexte qu'il fut un diplomate de quelque importance, on se représentait du Croc comme un personnage retors, rusé, cauteleux. Avant tout, il est homme d'épée : rude, franc, fidèle, il a tout ce qu'il faut pour plaire aux Écossais et c'est à cela, sans nul doute, qu'il doit ses succès diplomatiques : en 1572, Charles IX l'envoie auprès des seigneurs écossais *parce qu'il sait qu'ils l'aiment tous* [1].

Fidèle, il ne cesse pas *de consoler et de réconforter* Marie Stuart, ce qui ne l'empêche point d'écrire que *les malheureux faits sont trop prouvés* [2] et d'envoyer à Catherine de Médicis des informations dont elle conclut que la reine d'Écosse *est une princesse perdue* [3]. Franc et droit, il montre à Darnley l'impossibilité de retrouver l'autorité qu'il avait eue d'abord [4], comme il refuse d'embrasser Bothwell le jour de son mariage et de le considérer comme le mari de la reine. « ...Je ne me suis point voullu brasser à ses nopces, ni depuis ne l'ay point voullu recongnoistre comme mary de la Royne. » Il écrit [5] même à Catherine de Médicis parlant de Bothwell : « Vous ne lui devez poinct faire de responce. » Combien ce mot *devez* est suggestif !

Tout naturellement, franchise et droiture mènent à l'impartialité. A l'affaire de Seaton, qui entraîna la captivité de Marie Stuart, du Croc a gardé pour Bothwell la même aversion qu'il lui avait témoignée le jour de son mariage, et il se refuse encore à l'embrasser : « Nous nous salluasmes, mais je ne me présentay point pour l'embrasser. » Mais pourtant l'ambassadeur sait discerner le courage, apprécier la valeur militaire, et sa vue pénétrante démêle les faiblesses qui affectent l'un et l'autre parti ; il se délecte même de sa perspicacité : « Il faut que je dise que je veiz ung grand cappitaine [il s'agit de Bothwell] parler de grande asseurance et qui conduisoit son armée gaillardement et sage-

[1] Instructions du 20 mars 1572. Document n° XXXI.
[2] Lettre du 17 juin 1567. A. Teulet, *op. cit.*, tome II, page 312.
[3] Lettre du 14 mai 1567. Document n° XXIII.
[4] Lettre du 17 octobre 1566. A. Teulet, *op. cit.*, tome II, page 290.
[5] Lettre du 18 mai 1567. A. Teulet, *op. cit.*, tome II, page 298.

ment. Je m'y amusai assez longtemps et jugeois qu'il auroyt du meilleur si ses gens luy estoyent fidelles... Il [Bothwell] n'avoit ung seul seigneur de nom. Et aussi l'estimois beaucoup qu'il commandait tout seul, et je faisois doubte des autres pour ce qu'il estoient plusieurs testes, et y avoit une grande cryerie parmi eulx [1]. »

On conçoit aisément combien un tel homme était précieux pour les négociations difficiles de ces temps troublés. La confiance du roi est telle qu'à plusieurs reprises, et particulièrement en 1566 et 1572, du Croc reçoit, en fait, pleins pouvoirs d'agir pour le mieux. Une mission aussi large ne lui convient d'ailleurs pas et souvent il réclame des précisions tout en indiquant l'attitude, d'entière impartialité, à laquelle il a cru devoir s'arrêter, dans l'intérêt même de la Cour de France. Voyez ce qu'il écrit, le 17 juin 1567 : « J'ay toujours mandé à Vostre Majesté que j'estois en peine comme je m'y debvois gouverner, et toutes mes lettres en sont pleines, donnant à entendre que si je me retirois du côté de la Royne et du Duc, que Vostre Majesté auroit tenu la main à tout ce qui a esté faict, et que, si je me retire du costé des Seigneurs, ce seroit vous déclarer contre la Royne. Il m'a donc semblé (attendant ce qu'il eust pleu à Votre Majesté me commander) que je ne pouvois mieulx faire que de ne me rendre point partial et, en vostre nom, travailler envers la Royne et les Seigneurs [2]. »

LES PAPIERS DE PHILIBERT DU CROC.

LEUR DISPERSION & LEUR IMPORTANCE

Les papiers de Philibert du Croc sont venus à la connaissance des historiens français [3] par groupes fragmentaires successifs publiés par des auteurs qui, presque tous, se sont réciproquement ignorés : c'est ce qui explique l'obscurité d'où n'est pas sortie, jusqu'ici, la personnalité de ce diplomate.

Le premier, le chevalier de Courcelles, à la suite de la généalogie que nous avons eu maintes fois l'occasion de citer, publia huit docu-

---

[1] Lettre du 17 juin 1567. A. Teulet, *op. cit.*, tome II, pages 312-320.

[2] A. Teulet, *op. cit.*, tome II, page 318. — On retrouve à différentes reprises, dans les lettres de du Croc publiées par Teulet, ce constant souci de l'impartialité. Voir notamment, au même volume, pages 298, 317, 320. Un moment, son aversion pour Bothwel est telle qu'il risque de se laisser entraîner à enfreindre cette ligne de conduite : « ... le meilleur est de me retirer, écrit-il au roi ; ... et si ce n'eust esté le commandement que Vos Majestez me feyrent, je fust party huict jours devant les nopces. » (Lettre du 18 mai 1567. A. Teulet, *op. cit.*, tome II, page 298).

[3] Nous laissons de côté les sources britanniques, auxquelles il nous a été matériellement impossible de puiser.

ments d'après des originaux dont la trace semble aujourd'hui perdue [1]. C'était en 1829.

Au milieu du XIXe siècle, Alexandre Teulet, dans les *Relations politiques de la France et de l'Espagne avec l'Écosse au* XVIe *siècle* [2], reproduit treize documents, d'après des copies ou des analyses découvertes au seul département des Manuscrits, à la Bibliothèque Nationale, à l'exclusion de toute autre source de renseignements [3].

En 1869, paraît le mémoire de Sandret, que nous avons si fréquemment utilisé. Ici l'apport nouveau n'a pas été considérable : sept lettres inédites, provenant des archives de la vicomtesse Edgard de Brimont, descendante de la branche des du Croc de Brassac [4]. Mais l'auteur a pu se servir des ouvrages britanniques, de la publication du prince Labanoff et de la correspondance diplomatique de La Mothe-Fénelon : c'est le premier travail sérieux consacré à la question qui nous intéresse.

Trente ans plus tard, les éditeurs des *Lettres de Catherine de Médicis* semblent ignorer, et Courcelles, et Sandret [5]. Les quelques documents concernant du Croc sont publiés d'après des copies de la Bibliothèque Nationale ou du *Record office*, à l'exception d'un seul, du 10 mai 1566 (tome II, page 359), reproduit d'après l'original, communiqué par Mme la Marquise de La Rochelambert-Montfort.

Or les du Croc de Brassac, les de La Rochelambert, les de Montfort constituent des rameaux, ou sont alliés à des branches, de la famille du Croc. Et nous avons vu précédemment que les archives de M. de Viry conservent un acte d'hommage de 1335. Les papiers des du Croc, et par conséquent ceux de l'ambassadeur, ont été partagés entre les différentes branches de la famille et tout permet d'espérer que l'on retrouvera encore d'autres fragments de la correspondance de Philibert du Croc dans les titres gardés par ses descendants.

Les documents que nous publions ici proviennent de la souche même de la famille, ayant été transférés à la maison du Bourg de Bozas par suite du mariage de Mathée du Croc avec Emmanuel-Gaspard,

---

[1] Ces documents paraissent avoir été conservés dans une des branches de la famille, jusqu'à cette époque de la Restauration. Ils paraissent bien en effet, et particulièrement le document n° VII, avoir été gardés comme preuves de noblesse.

[2] Nous avons utilisé la nouvelle édition, datée de 1862.

[3] Teulet signale à deux reprises (tome II, pages 284 et 289, notes) des lettres de Philibert du Croc, publiées par Keith, dans son *History of Church of Scotland* et tirées de l'ancienne Bibliothèque du Collège des Écossais, à Paris, bibliothèque dispersée pendant la Révolution.

[4] Marie-Thérèse-Catherine du Croc de Brassac épousa, en 1829, Thomas Sheppard. Leur fille, Laurence-Catherine-Mina Sheppard de Brassac, fut mariée, en 1859, au vicomte Edgard de Brimont.

[5] Le mémoire de Sandret a été publié dans la *Revue historique nobiliaire*, en septembre et en novembre 1869. Le tirage à part est daté de 1870. Il est certain que les événements de 1870-1871 sont la cause de l'oubli, fort immérité, où ce travail est si vite tombé.

marquis du Bourg, suivant contrat du 7 juin 1714[1]. Mathée du Croc était la petite-fille de Charles du Croc qui, en 1666 et de concert avec son frère Gaspard, avait obtenu de M. de Fortia, intendant d'Auvergne, le maintien dans sa qualité de noble d'extraction à la suite de la présentation de documents qui presque tous figurent dans notre publication; et nous devons remarquer que l'inventaire[2] des titres produits à cette occasion ne retient, en dehors des contrats de mariage, des hommages ou dénombrements et des testaments, que les lettres émanant de la Chancellerie royale de France.

Nous avons ainsi l'occasion de fournir aux historiens la documentation la plus abondante qui ait été produite, jusqu'à ce jour, sur l'activité de Philibert du Croc, doublant presque l'ensemble des références que l'on avait déjà sur lui : le nombre des documents inédits, en effet, n'est pas inférieur à quarante, sans compter les preuves de Malte de son fils, Guillaume du Croc.

A part une seule exception, on ne trouvera ici que la correspondance reçue par du Croc, mais elle est loin d'être sans importance, aussi bien en ce qui concerne les intrigues intérieures et les difficultés financières qu'en ce qui touche la politique étrangère.

On ne lira pas sans quelque curiosité les instructions données par Charles IX en vue de la conclusion d'un emprunt (4 août 1570), ni la missive du duc d'Alençon touchant le choix des députés pour les États généraux de Blois (19 septembre 1576). La lettre de service du 2 décembre 1571 atteste la disgrâce des Lorrains, comme le sursaut d'énergie de Charles IX : du Croc reçoit mission de dire aux ducs de Guise et d'Aumale et au marquis du Maine, « s'ilz ont volunté de se rendre près de Sadicte Majesté, qu'ilz le facent avec leurs simples trains acoustumez, sans amener avec eulx, n'y envoyer devant ou faire venir après autre plus grande compagnie, d'aultant que c'est chose qu'Elle ne veult plus permectre à quelque personne que ce soit de son royaume sans en avoir son commandement, et feust ce à ses propres frères ». — Il n'est pas jusqu'à l'unique lettre de du Croc (16 avril 1583) qui ne nous indique, de la façon la plus précise et par le menu, les mesquines rivalités entre gentilshommes alors permises par la décadence de l'autorité royale.

Mais c'est au point de vue de la politique étrangère que l'on trouvera ici les renseignements les plus curieux. Nous n'insisterons pas sur la relation de la mort de Riccio, avec les variantes suggestives apportées au texte adressé à l'ambassadeur en Angleterre, Paul de Foix, ni même sur les différentes instructions adressées par le roi de France ou la reine-mère, au fur et à mesure que les événements se

[1] Voir Courcelles, *op. cit.*, page 7.

[2] Cet inventaire est aujourd'hui conservé à la Bibliothèque de Clermont-Ferrand, manuscrit 553, fol. 140-149.

déroulaient. Car il se trouve ici deux textes hors de pair et tous deux concernent la pauvre reine Marie Stuart.

Signalons d'abord, hélas ! cette lettre, en partie chiffrée, de Catherine de Médicis, touchant la conduite de sa belle-fille : « Je juge par voz lettres [1] que c'est une princesse perdue, à quoi j'ay incroiable regret, pour l'amitié que je lui ay toujours portée et l'honneur qu'elle a reçeu en ce roiaume, qui la debvroit stimuller à prendre autre chemyn que celluy que je voy qu'elle tient. Je ne sçay que vous dire sur ce que vous demandez que vous aurez affaire si elle vient à déclaration de ce nouveau mariage, car je n'y veoys propos n'y apparence, mais toute ruyne et desolation que Dieu envoiera sur elle et sa maison, si elle est cause de la mort de son mary et si oubliée que ce que le monde en peult juger par ses déportemens. » Cette lettre est du 14 mai 1567 : le lendemain, 15 mai, Marie Stuart épousait Bothwell !

Hâtons-nous de passer à une citation plus réconfortante. Elle provient, — qui le croirait ? — d'une lettre de Charles IX : dans l'amour qu'il eut toujours pour sa belle-sœur, ce pauvre roi, timide, passionné, sanguinaire, trouve des accents pathétiques qui évoquent Bossuet. Lisez ce qu'il écrit, au moment où la maladie semble devoir emporter Marie Stuart :

« .....J'ay entendu avec ung enorme ennuy et desplaisir la nouvelle que le sieur du Croc me vient de faire savoir de la grandeur et extremité de la malladie de ma sœur la royne d'Escosse, pour le regret que j'auroye de fère perte de la princesse de ce monde que j'ay toute ma vie aymée aussy chèrement et encore que j'espère tant de la bonté de Dieu que je vueille croire que l'ayant visiter d'une si griefve maladie, il l'aura restituée en sa première santé lorsque les hommes en auront eu moings d'esperance pour faire davantage paroistre la grandeur de ses miracles et de sa puissance. »

Sans doute aurait-il été curieux, — et peut-être utile, — de profiter de cette publication pour insérer, entre ces documents neufs, une reproduction des papiers, concernant du Croc, déjà publiés dans les ouvrages de Teulet, de Keith, de Stevenson, de Courcelles, etc. Et telle fut la première décision prise. Mais on connait les difficultés auxquelles se heurtent les travailleurs de province : la *Correspondance diplomatique de Bertrand de Salignac de La Mothe-Fénelon*, extrêmement riche en documents concernant du Croc, n'existe à la Bibliothèque Nationale qu'à l'état d'exemplaire unique et ne peut, en conséquence, subir aucun déplacement. L'éditeur a dû se borner à la publication des seuls documents existant aux archives départementales de la Nièvre.

---

[1] Lettres de du Croc des 16, 24 avril et 4 mai 1567, dont on ne trouve nulle trace dans Teulet.

A côté des lettres en clair se trouvent quelques textes chiffrés, en tout ou en partie, ainsi que la clé du chiffre utilisé, en 1567, pour la correspondance échangée entre Bochetel de La Forest et du Croc; la typographie est impuissante à l'égard de ces documents qui peuvent cependant devenir un jour précieux entre tous les autres : conformément au désir de M. le Comte du Bourg de Bozas, ils ont été reproduits par la photographie.

D'autre part, nous avons cru devoir ajouter, en annexe, les preuves de Malte, fournies par Guillaume du Croc en 1562, parce qu'elles sont précieuses pour l'histoire de Gilbert du Croc et pour la connaissance des débuts de Philibert dans les armes et la diplomatie. De la sorte, nous espérons que la présente publication est aussi complète que possible et qu'elle apportera sa modeste contribution à une connaissance plus approfondie des hommes et des choses du XVIe siècle.

ARMES DE LA FAMILLE DU CROC

D'or, à deux fasces de sinople

Couronne de marquis. Supports : deux lions.

LES PAPIERS DE PHILIBERT DU CROC

I

1544, 25 juillet. — Amiens.

Brevet de la dignité d'échanson du Dauphin[1], *duc de Bretagne, en faveur de du Croc.*

De par Monseigneur le Daulphin, duc de Bretaigne.

Maistres de nostre hostel et vous, maistre et contreroolleur de nostre chambre aux deniers et commis au paiement des gaiges de noz officiers domestiques, salut et dillection. Savoir vous faisons que pour la bonne et entière confience que nous avons de la personne de nostre cher et bien amé Philbert de Crocq, et de ses sens, suffisance, loiaulté, preudhommie et bonne dilligence, icelluy, pour ces causes et aultres à ce nous mouvans, avons ce jour d'huy retenu et retenons par ces presentes en estat de nostre eschançon, ou lieu et place de François de Coulligny[2], s^r d'Andellot[3], lequel nous avons promeu en estat de gentilhomme de nostre chambre, pour, oudict estat d'eschançon nous servir par ledict du Crocq doresnavant ordinairement, aux honneurs, auctoritez, prerogatives, preheminances, franchises, libertez, gaiges, droictz, prouffictz, revenuz et emolumens acoustumez et qui y appertiennent, tant qu'il nous plaira. Si vous mandons, et à chacun de vous si comme à luy appertiendra, que dudict Philbert de Crocq prins et receu le serment en tel cas requis et acoustumé vous ceste presente nostre retenue enregistrez ou faictes enregistrer ès registres, papiers et escriptz

N. B. — Tous les documents ici publiés sont conservés aux Archives départementales de la Nièvre, série 2 F, Fonds du Bourg de Bozas, titres de familles, liasse : *du Croc.*

[1] En 1544, le Dauphin est le futur Henri II, lequel, devenu roi de France en 1547, transmettra alors le titre de Dauphin au futur François II, né lui-même en janvier 1544.

[2] François de Coligny, seigneur d'Andelot, colonel général de l'Infanterie de France (1521-1569).

[3] Andelot (Jura), arrondissement de Lons-le-Saulnier, canton de Saint-Julien.

de nostre dicte chambre aux deniers avec celles de noz aultres officiers domestiques qui sont de semblable estat et retenue, et d'icelluy, ensemble des honneurs, auctoritez, prerogatives, preheminances, franchises, libertez, gaiges, droictz, prouffictz, revenuz et emolumens dessusdictz, le faictes, souffrez et laissez joir et user plainement et paisiblement et à luy obeir et entendre de tous ceulx et ainsi qu'il appertiendra ès choses touchans et concernans ledict estat, en luy comptant et paiant par vous, commis audict paiement, les gaiges et droictz audict estat appertenans doresnavant par chacun an aux termes et en la manière acoustumez; lesquels gaiges et droictz, en rapportant ces presentes, ou vidimus d'icelles faict soubz seel roial ou ducal, pour une fois, avecques quictance dudict de Crocq sur ce suffisante, seullement, nous voullons estre passez et allouez en voz comptes et rabatuz de vostre dicte recepte partout où il appertiendra sans aucune difficulté. Car tel est nostre plaisir. Donné à Amyens, soubz le seel de nostre secret, le XXVme jour de juillet, l'an mil cinq cens quarante et quatre.

Par Monseigneur le Daulphin et Duc,

Signé : CLAUSSE.

Au dos, procès-verbal de prestation de serment par du Croc, à Amiens, le 1er août 1544.

(Original, parchemin, avec traces de sceau plaqué, en cire rouge).

II

1547, 9 août. — Villers-Cotterets.

Le Roi concède à MM. de Charlus[1] et du Croc les produits éventuels des pénalités à encourir par le sieur de Jardon[2].

Aujourd'huy, neufiesme jour d'aoust mil cinq cens quarente sept, le Roy, estant à Villiers Costeretz, a donné et octroyé aux srs de Cherlus et du Croc, gentilzhommes servans de sa maison, la confiscation ou amende en quoy pourra encheoir et encourir le sr de Jardon de la Basse-Marche, pour les volleries et autres cas et crimes dont il

---

[1] Charlus, village et château féodal en ruines, commune de Bassignac, canton de Salers, arrondissement de Mauriac, département du Cantal.

[2] Jardon est un village de la commune de Parsac, canton de Jarnages, arrondissement de Boussac (Creuse), jadis dans la Haute-Marche et tout à fait en dehors de la Basse-Marche. D'après Ambroise Tardieu, *Grand Dictionnaire de la Haute-Marche* (1894, in-4°, col. 124), le seigneur de Jardon, en 1542, était Godifert de la Cousture (Renseignements dûs à l'obligeance de notre confrère, M. A. Petit, archiviste de la Haute-Vienne).

[*Titre au dos :*] Chiffre de Monsieur de La Forest pour Monsieur du Crocq, 1567.

est chargé et pour raison desquelz l'on luy faict son procès criminel, dont ledict seigneur m'a commandé leur expedier ce present brevet et, en faisant apparoir des jugemens qui sur ce se seront donnez et ensuivyz contre ledict de Jardon, les depesches dudict don en forme qui pour ce seront necessaires.

[*Signé :*] CLAUSSE.

(Original, parchemin, avec trace de cachet de cire plaqué).

III

1558, 20 octobre. — Au camp, près Amiens.

Lettre de Henri II, accréditant du Croc auprès du maréchal de Brissac[1].

[*Adresse au dos :*] A mon cousin, le s^r de Brissac, chevalier de mon ordre, mareschal de France, gouverneur et mon lieutenant general en Piedmont.

Mon cousin, incontinant après vous avoir hier depesché ung courrier, j'advisay de vous envoyer ce jour d'huy le s^r du Crocq, l'ung de mes gentilzhommes servans pour ce que en l'affaire qui s'offre de vostre costé pour estre de telle importance que vous sçavez, il merite bien que de ce que j'ay à vous mander de mon vouloir et intention vous l'entendez par homme qui saiche parler, respondre et retenyr comme fera led. du Crocq, lequel je vous prye croire de ce qu'il vous dira suyvant le memoire que je luy ay baillé, tout ainsi que vous vouldriez fère moy mesmes. Et je suplieray le Createur qu'il vous ait en sa très saincte et digne garde. Escript au camp, près Amyans, le xxe jour d'octobre 1558.

[*Signé :*] HENRY.

(Dépêche originale, papier).

IV

1558, 20 octobre. — Au camp, près Amiens.

Lettre de François de Guise, accréditant du Croc auprès du maréchal de Brissac.

[*Adresse au dos :*] A Monsr le mareschal de Brissac, gouverneur et lieutenant general pour le Roy en Piedmont.

Monsr le Mareschal, la suffisance du s^r du Crocq, present porteur, avec le memoire qui luy a esté baillé pour aller devers vous, encores

[1] Charles de Cossé, comte de Brissac, maréchal de France (1507-1563).

qu'il vous fust hier depesché ung courrier exprès, qui me gardera de vous fère redicte sur les particularitez contenues audict memoire, n'ayant autre chose à vous dire, sinon que le Roy part ce jour d'huy pour aller à Beauvais où il fait venir la Royne [1] et les gens de son conseil, actendant quel succès pourra prendre le fait de ceste negociation de paix [2]. Et ce pendant je demoureray par deçà pour quelzques jours, pour deppartir noz forces et les licentier si besoing est, priant Dieu, Monsr le Mareschal, qu'il vous aict en sa saincte et digne garde. Escript au camp, près Amyens, le xxe jour d'octobre 1558.

[*Autographe :*] Vostre entierement bon amy,

[*Signé :*] FRANÇOYS DE LOR^ne^.

(Dépêche originale, papier).

V

1558, 6 novembre. — Quiers.

Lettre d'Arthus de Cossé [3], seigneur de Gonnor [4], accréditant auprès de du Croc l'un de ses secrétaires

[*Adresse au dos :*] A Monsr du Croc, gentilhomme servant du Roy.

Monsr du Cro, pour ce que je ne vous puys veoir auparavant que partiez pour quelques occasions, j'ay advisé de vous envoyer ce pourteur, l'un de mes secretères, vous priant le croire de tout ce qu'il vous dira de ma part comme moi mesme ; et attent me recommanderé bien fort et de bon cueur à vostre bonne grace, priant Dieu, Monsr du

[1] Cette indication permet de préciser l'itinéraire de Catherine de Médicis, imprimé au tome X de la publication des Documents inédits (p. 577). — Voir plus loin, Annexe II, le relevé des additions à l'Itinéraire.

[2] Il s'agit des conférences de Cercamp, qui devaient aboutir au traité du Cateau-Cambrésis. — Cercamp-sur-Canche, commune de Frévent, canton d'Auxy-le-Château, arrondissement de Saint-Pol, département du Pas-de-Calais.

[3] Arthus de Cossé (1512?-1582), comte de Secondigny et seigneur de Gonnor, maréchal de France, dit le *maréchal de Cossé*, frère de Charles de Cossé, comte de Brissac.

[4] Gonnord, canton de Thouarcé, arrondissement d'Angers, département de Maine-et-Loire.

Cro, qu'il vous doinct ce que plus desirez. A Quiers [1], ce 6 novembre 1558.

Vostre entierement meilleur amy à jamais,

[*Signé :*] GONNORT.

(Dépêche originale, papier).

VI

1558, 11 novembre. — Turin.

Lettre de François de Montmorency [2] recommandant son secrétaire, Pineau [3], qu'il voudrait voir entrer au service du Connétable.

[*Adresse au dos :*] A Monsr du Croc, gentilhomme de la Chambre du Roy.

Monsr du Croc, je m'obliay à vostre partement vous comunicquer de quelque chose dont je m'estois deliberé vous faire discours pour l'envye que j'avois que vous timsiez quelque propoz à Monseigneur le Connestable de prandre à son service Pineau, mon secretaire; et pour ce que j'ay sceu de luy qu'il vous en avoit tenu quelque langaige de ma part pour en parler à mondict seigneur, je vous prie tant qu'il m'est possible de n'obmectre rien de ce qu'il vous fit requeste et me fère ce bien de m'en fère ung petit mot de response, affin que j'en face une bonne recharge à la première occasion, encores que par ceste cy je le supplie de vous croire de ce que vous luy direz de ma part et vous priant aussi avoir souvenance de toutes les autres choses dont nous parlasmes à vostre partement. Cependant vous pouvez fère estat de moy comme du meilleur amy que aiez de deçà et quant l'occasion se presentera pour vous en fère preuve, vous en congnoistrez plus que ne vous en diz. Je me repose de bien bon cuer à vostre bonne

[1] Ville d'Italie, dans le Piémont, à proximité et à l'est de Turin.

[2] François, duc de Montmorency (1530-1579), fils aîné du connétable Anne de Montmorency, fut nommé maréchal de France en 1559.

[3] Ce Pineau serait-il le même que le courrier *Pino* indiqué dans une lettre de Catherine de Médicis (fin avril 1552) adressée au connétable Anne de Montmorency ? Cf. *Lettres de Catherine de Médicis*, tome 1, page 53. — D'après cette lettre, d'ailleurs, Pino paraît avoir été, sinon un secrétaire, du moins un homme de confiance du connétable.

grace, priant Dieu, Monsr du Croc, qu'il vous donne en santé bonne vie et longue. De Thurin, le xj[e] jour de novembre 1558.

Vostre entierement meilleur et parfait amy,

F. de Montmorancy.

[*Autographe* :] Je vous prie me mander ce que vous aurez fet pour Pineau, car je desire fort qu'il soit à Monsieur le Conetable, pour ce qu'il est homme de bien.

(Dépêche originale, papier).

VII

1559, 12 novembre. — Blois.

Brevet de la dignité de premier échanson, accordée par la reine Marie à Philibert du Croc.

De par la Royne.

Chevalier d'honneur, maistres de nostre hostel et vous, m[e] contrerolleur de nostre chambre aux deniers, salut. Sçavoir vous faisons que pour la bonne et l'entière confiance que nous avons de la personne de nostre cher et bien amé Philibert du Croc, seigneur dudict lieu et du Fieu, et de ses sens, suffizance, loyauté, preudhomie, experience et bonne dilligence, iceluy, pour ces causes et autres bonnes et grandes consideracions à ce nous mouvans, avons retenu et retenons en l'estat de nostre premier eschançon ordinaire, dont nous souloit servir puis naguères feu [1] seigneur de Laiac, dernier paisible possesseur d'iceluy, vaccant à present par son trespas, pour audict estat nous servir doresnavant, par ledict du Croc, aux honneurs, auctoritez, prerogatives, preminences, franchises, libertez, previllèges, gages, livraisons, hostelaiges, droitz, proffitz, revenuz et emolumens acoustumez et qui y appartiennent, tant qu'il nous plaira. Si voulons et vous mandons que, pris et receu dudict du Croc le serment en tel cas requis et acoustumé, vous ceste presente nostre retenue vous enregistrez ou faictes enregistrer ès registres, roolles, papiers et escriptz de nostredicte chambre aux deniers, avecques noz autres officiers de semblable estat, et d'iceluy, ensemble des honneurs, auctoritez, prerogatives, preminences, franchises, libertez, previllèges, gages, livraisons, hostelaiges, droitz, proffitz, revenuz et emolumens dessusdictz, le faictes, souffrez et laissez joir et user plainement et paisiblement et à luy obeir et entendre de tous ceulx et ainsi qu'il appartiendra ès choses touchans et concernans ledict office. Mandons en outre au tresorier et paieur des gages de noz officiers domestiques

[1] La place du nom de famille est demeurée en blanc.

que audict du Croc il paie, baille et delivre lesdictz gages et droitz doresnavant par chacun an, aux termes et en la manière acoustumez, selon et en ensuivant les estatz qui en seront faictz aussi par chacun an. Et par rapportant cesdictes presentes ou vidimus d'icelles, faict soubz seel royal, pour une fois, et quictance dudict du Croc sur ce suffisante, nous voulons lesdictz gages et droitz et ce que paié, baillé et delivré luy aura esté à la cause susdicte, estre passé et alloué ès comptes et rabatu de la recepte de nostredict tresorier partout où il appartiendra et besoing sera, sans difficulté. Car tel est nostre plaisir. Donné à Bloys soubz nostre seing et seel de noz armes, le xij^e jour de novembre, l'an de grace mil cinq cens cinquante neuf et de nostre règne le premier *et dix-sept* [1].

[*Signé :*] MARIE.

[*Et, plus bas :*] Par la Royne,
DE GRANTRYE.

(Original, parchemin, avec sceau de papier sur cire).

VIII

1560, 22 juillet. — Fontainebleau.

Instructions à du Croc en vue du licenciement de quatre bandes venues de Piémont.

Le s^r du Croq, que le Roy depesche presentement pour aller licencier quattre bandes françoyses des huict qui sont puis naguères venues de Piemont, entendera que Sa Majesté avoyt dernierement depesché le s^r de la Mothe Gondrin [2] pour faire faire la monstre desd. huict enseignes et, leur payement faict, les casser et licencier ; ce qu'il auroyt executé. Mais ainsi que le departement des soldatz desd. bandes se faisoyt, Sa Majesté, ayant changé d'advis, auroyt mandé aud. s^r de La Mothe Gondrin qu'il retint encores lesd. huict enseignes, pour ce qu'elle deliberoyt s'en servir encores pour quelque temps. Il est vray que ceste depesche luy seroyt arrivée si tard qu'elle auroyt jà trouvé la meilleure partye desd. soldatz partyz, de façon que la pluspart desd. enseignes ne sont aujourd'huy que de cinquante et soixante hommes, ainsi que Sad. Majesté en a esté bien et deuement advertye.

Et pour ce que depuis les choses d'Angleterre et d'Escosse se sont accordées et pacifiées tellement que lesd. bandes, desquelles Sa Majesté faisoyt estat de se servir pour la guerre dud. Escosse, ne luy sont plus necessaires, elle veult que led. s^r du Croq se transporte en celle des garnisons desd. quattre bandes qu'il jugera la plus à propoz pour l'effect

[1] Les mots *et dix sept* sont d'une encre plus noire et ont été ajoutés à la rédaction primitive. Marie Stuart avait alors dix-sept ans et elle aimait, semble-t-il, à le faire savoir.

[2] Blaise de Pardaillan, seigneur de La Motte-Gondrin, qui fut pris et massacré à Valence le 27 avril 1562. Cf. *Lettres de Catherine de Médicis*, tome I, page 306.

qui sera dict cy après, assavoir Baugency, Illiers, Bonneval et Olivet, qui sont les lieux où lesd. quattre bandes sont departyes, et estant arrivé en celluy desd. quattre lieux qu'il aura ainsi choisy, regardera de depescher Martines, varlet de chambre ordinaire de Sa Majesté, qui a tousjours esté à la conduicte desd. bandes, et deux aultres bons et suffisans personnaiges qu'il fera servir de commissaires, lesquelz se transporteront ès troys aultres lieux et là, suivant ce qu'il aura advisé avec eulx, presenteront à jour nommé à chascun des capp[nes] desd. bandes les lettres de creance que Sa Majesté leur escript, lesquelles led. s[r] du Croq accompaignera des siennes, pour leur faire entendre la charge qu'il aura de Sad. Majesté, suivant laquelle lesd. commissaires au mesme instant, sans leur donner plus long delay, leur feront mectre leurs gens aux champs, en feront une reveue et monstre; et cela faict, feront bailler à chascun soldat ung d[emy] moys de solde à l'avanque sans permettre que l'argent en soyt mis ès mains des capp[nes] en quelque sorte que ce soyt, faisans bien entendre ausd. soldatz [que] encores que la co[ustume...] de donner aucune chose aux soldatz françoys lors de leur congié quand ilz doivent encores quelques jours de service, comme eulx, ce neantmoins Sa Majesté, pour l'envye qu'elle a de les bien traicter, comme aussi leur service le merite, leur a voulu faire donner lad. paye affin qu'ilz se puissent retirer sans desordre en leurs maisons et ayent moyen de payer par les champs.

Led. s[r] du Croq fera faire le semblable au lieu où il sera demeuré et donnera ordre surtout que, lesd. monstre et payement faictz, l'on departe en chascune garnison les soldatz par petites trouppes, affin qu'ilz ayent moins de moyen de mal faire, et leur fera bien entendre que s'ilz s'escartent et tiennent les champs et font quelques maulx ou pilleryes, ilz trouveront force gendarmerye en pays pour les tailler en pièces et des prevostz des mareschaux pour en faire telle punition qu'ilz serviront d'exemple à leurs compaignons.

Que ayans bien servy comme ilz ont faict, il fault qu'ilz se gardent pour la fin et couronnement de leur œuvre, de faire chose qui donne occasion au roy de les avoir en aultre opinion que de bons soldatz, bien disciplinez et affectionnez à luy faire service; et s'offrant occasion de faire nouvelles levées, il les aura tousjours premiers recommandez.

Admonestera et fera admonester lesd. capp[nes] de tenir main à ce que dessus et de se comporter en ce licenciement de telle sorte que Sa Majesté n'ayt point occasion de riens diminuer de la bonne opinion qu'elle a d'eulx et du bon traictement qu'elle a envye de leur faire; et leur fera dire qu'ilz se retirent devers elle pour recevoir l'honeur qu'elle leur veult faire, qui sera, comme il s'asseure, à leur contentement.

Et si d'adventure lesd. capp[nes] ou soldatz se vouloyent plaindre de ce qu'ilz n'ont esté payez du moys de juin et que l'on a faict servir la paye dud. moys pour celle du present, il leur remonstrera qu'ilz sçavent bien, suivant ce que led. s[r] de La Mothe Gondrin leur en a declaré, que les vivres qui leur ont esté baillez, montans [à bien] plus grande somme que la solde dud. moys, ont tenu lieu d'icelle solde et que le roy s'est chargé du payement desd. vivres envers ceulx à qui ilz estoyent deuz pour tousjours faire leur condition meilleure; d'autant que s'il les leur eust faict payer, il y fust allé non seulement la solde dud. moys, mais aussi la meilleure partye de celle qui leur a esté baillée pour cestuy cy.

Led. s^r du Croq estant arrivé ès lieux desd. garnisons s'enquerra quelz prevotz des mareschaulx il y aura plus prochains de là et les advertira, suivant les lettres que le roy leur en escript, de se mectre aux champs pour garder que lesd. soldatz ne facent aucunes pilleryes, foulles et oppressions au pauvre peuple; et s'il y en a qui le facent, les faire si bien chastier que les aultres y preignent exemple.

Envoyera aussi à Monsr de Montpensier [1] la lettre que led. s^r luy escript pour faire mectre quelque gendarmerye sur les chemyns par où se retireront lesd. soldatz affin de les tenir en craincte, garder lesd. pilleryes, volleryes et oppressions, et tailler en pièces ceulx qui les feront, au soulaigement du pauvre peuple qui a assez souffert les guerres passées pour en avoir tel soing et commiseration que requiert sa pauvreté.

Faict à Fontainebleau, le xxij^e jour de juillet 1560.

[*Addition* :] S'enquerra comme il va du reffuz et de la desobeissance que ceulx de Baugency ont faicte de recevoir en leur ville la bende qui y avoit esté departie, pour en raporter au roy la verité et y estre pourveu selon l'exigence du cas.

[*Signé* :] FRANÇOYS.

(Dépêche originale, papier. — Le bas de la pièce a été détérioré par l'humidité).

IX

1562, 25 juin. — Greenwich.

Passeport en faveur de du Croc, délivré au nom de la reine d'Angleterre Élisabeth.

[*Au dos, annotation contemporaine de l'acte* :] A pasport for Monsr du Croc.

By the Quene.

ELIZABETH

Whereas this gentleman berer hereof named Monsr du Croc dothe presently passe into FFraunce for the affaires of our good syster and

[1] Louis de Bourbon, duc de Montpensier, prince de La Roche-sur-Yon, dauphin d'Auvergne (1513-1582).

cousyne the Quene of Scottland, our pleasure and commaundement ys that ye shall not only permytt and suffre him quietly to passe and returne by yo[w] withe fowrd servants, the somme of two hundred FFrenche crownes or under, his lettcres and all other his bagges, baggages and necessaries without any your let or interuption, but also se him furnyshed of hable post horses to convey them by post betwene this and Dover and of a convenyent vessell for transportation at price reasonable, whereof faile ye not as ye tender our pleasure and will answere for the contray and thies our letteres shalle your sufficient warraunt and discharge in this behalf. Yevin under our signet at our manour of Grenewich, the xxv[th] of june, the fourthe yere of our reigne.

To all maiors, sheriefs, bailiefs, constables, custumers, comptrollers and serchers, and to all other our officers, mynisters and subjects to whom in this case it shall apperteigne.

(Original, parchemin, cachet de papier sur cire).

X

1562, 15 septembre. — Turin.

Passeport délivré par le Maréchal de Bourdillon[1].

Nous, Imbert de La Platière, s[r] de Bordillon, chevalier de l'ordre du Roy, cappitaine de cinquante hommes d'armes de ses ordonnances, gouverneur et lieutenant general pour Sa Majesté de çà les Montz, certiffions à tous qu'il appartiendra que le s[r] du Crocq, gentilhomme servant de Sadicte Majesté, s'en va la trouver pour son service ; pour ce prions tous gouverneurs, cappitaines, seneschaulx, baillyfz, prevostz, leurs lieutenans et tous autres que besoi[ng] fera, soent subjectz de Sadicte Majesté ou de Monseigneur le Duc de Savoye, de ne luy bailler aucun trouble ny empeschement avec toute faveur et ayde où besoing en auroit, aussi de le faire accommoder, et ses gens, de chevaulx, en payant. Faict à Thurin, le dixiesme jour de septembre 1562.

[*Signé* :] BORDILLON.

[*Et, plus bas* :] COTIGNON.

(Original, papier, avec trace de cachet sur papier et cire).

---

[1] Imbert de La Platière, chevalier, seigneur de Bourdillon, Franay-les-Chanoines, Reugny, Montaigu, Imphy, Baugy, Saint-Martin d'Ourouër, Saint-Sulpice, baron de Prye et autres lieux ; maréchal de France en 1562, il eut, à la cour de France, une très grosse influence ; mort à Fontainebleau, le 4 avril 1567, et inhumé dans l'église d'Époisses (Côte-d'Or). Il est célèbre sous le nom de *maréchal de Bourdillon* (ou Bordillon), nom sous lequel il est couramment désigné dans les textes du XVIe siècle, du titre d'une seigneurie qui paraît bien n'avoir pu être identifiée jusqu'ici.

XI

1563, 18 octobre. — Rome.

Lettre de Charles de Guise, cardinal de Lorraine, à du Croc ; celui-ci a bien fait de proposer ses services à Marie Stuart.

[*Adresse, au dos :*] A Mons[r] du Croq, gentilhomme servant de la Royne d'Escosse.

Mons[r] Du Crocq, j'ay receu voz lectres et veu comme pour seureté de vostre despesche vous l'avez baillée, et vostre creance par escript, à ung Escossois par l'advis de Monsieur le Car[din]al de Guyse, mon frère, pour la porter à la Royne et ne vous mectre point en dangier, en quoy il me semble que vous avez très bien faict, et de faire offre à la Royne de passer jusques devers elle vous envoyant ung sauf conduit de celle d'Angleterre, toutes foys qu'il luy plaira le vous commander; dont je m'asseure qu'elle sera bien contente, comme elle et nous avons aussi bien d'occasion d'estre satisfaictz des services que vous nous faictes ; vous asseurant que quant à moy je ne pense avoir faict chose pour vous dernièrement [qui] merite que vous m'en remerciez, ne qui soit pour estre comptée en recognoissance de voz labeu[rs,] mais si c'eust esté chose meilleure je la vous eusse plus voluntiers donnée, comme vous me trouverez toujours et les vostres bien prest à vous fère plaisir. Et sur ce, je prie le Createur vous donner, Monsr Du Crocq, ce que mieulx desirez. De Rome, ce xviij[e] jour d'octobre 1563.

[*Signé :*] Vostre bon amy,

C. Car[al] de Lorraine.

[*Addition au bas, de la maison du secrétaire :*] Monsieur, je vous suis serviteur très affectionné, comme vous le cognoistrez toujours en tout ce qu'il vous plaira m'employer, et vous baise les mains.

Vostre humble serviteur

[*Signé :*] Lasnye [ou Lafaye ?]

(Dépêche originale, papier).

6

XII

1566, avril. — S. L.

Relation[1] *des événements qui ont précédé et suivi le meurtre de David Riccio.*

[*Note contemporaine, au dos :*] Discours de ce qui advient en Escoce, lorsque David Ricciot fust tué en la presence de la Reine.

Discours de certaines lectres venues d'Escosse, des xj^e^, xiij^e^ et xviij^e^ jour du mois de mars dernier passé, contennant à la verité ce que est advenu à la Royne d'Escosse et le dangier où elle c'est retrouvée et retrouve encores pour volloir remectre en son royaulme la relligion cathollicque romeyne, en quoy est à entendre ce que s'ensuict :

Que les rebelles d'Escosse qui s'estoient retirés en Angleterre ayans entendu que la Royne d'Escosse tenoict son parlement, auquel ils estoient en dangier d'estre condempnés, leurs biens confisqués à la couronne et la relligion cathollicque roumeyne remise sus, et que pour quelques prières qu'ilz eussent sceu fère ilz n'avoient peult trouver moyen d'obtenir grace ne pardon d'elle, ilz s'advisarent de fère praticquer le nouveau Roy d'Escosse par gens fins et accorz ausquelz luy, qui est jeune de dix neuf ans et de peu d'experience, creu facillement ; et feirent tant envers luy qu'ilz luy persuadarent que, leur promectant de retorner au royaulme pour adcister audict parlement, ilz le feroient couronner roy, ce que jamais toutesfoys n'a esté faict par devant. Mais luy, poulsé de l'ambition et de l'envye de regner, [croyoit] que lesdictz rebellez auroient moyen de le fère couronner roy par le consentement des estatz audict parlement, de sorte que sans en advertir la Royne sa femme, il feist tant par ses menées qu'il les feist revenir en leurs maisons et se trouvarent à Lislebourg le soir, veille du jour que se debvoict faire le dernier parlement. Et ce soir mesmes après souppé, en la salle où le Roy et la Royne avoient souppé, fut tué en leur presence, entre sept et huict heures de soir, David Ricciol, secretaire de ladicte dame Royne, le plus inhumainement du monde par un Lord Ruven, Lord Linsay et le Comte de Morton, tous gens de mauvais

[1] Cette relation a été publiée par Teulet (*op. cit.*, tome II, pages 260-264), au chapitre de l'ambassade de Paul de Foix. Nous croyons utile de la reproduire in extenso, en raison des variantes remarquables dans le début des deux textes et de la finale importante et inédite de celui qui fut adressé à du Croc. Variantes et finale s'expliquent aisément. Le texte Teulet est celui qui a été adressé à Paul de Foix par le cardinal de Lorraine : or, l'ambassadeur était connu comme sympathique aux protestants, plutôt hostile à Marie Stuart et il pouvait fort bien avoir conservé quelque ressentiment contre les Guise (Teulet, *op. cit.*, tome II, page 174, note). En même temps que la relation adressée à Paul de Foix, le Cardinal en faisait expédier une autre à du Croc, dont les sentiments étaient, tout à l'opposé, dévoués et à Marie Stuart et à la Maison de Lorraine. Comme il arrive toujours en pareil cas, le texte officieux est plus intéressant et plus suggestif que le texte officiel. — Nous avons cru devoir rectifier par *avril* la date de *mars* donnée par Teulet, en raison de l'expression *mars dernier passé* contenue dans le titre.

nom et de l'aultre relligion. Et se faict, la Royne s'estant retirée en sa chambre, elle y fust tenue comme prisonnière et gardée par quatre vingtz arquabouziers et reduicte en telle necessité que nul de ses offi- ciers ny de ses femmes n'en osoient approcher et ne luy portoict on viande que ne fust vizitée. Les Contes Bauduel, Athol et Hontlay, qui sont gens de bien et bons serviteurs de ladicte dame Royne estoient encores lors au chasteau, cherchans de luy fère service [; ils] furent contrainctz de se saulver par une fennestre parce que l'on ne leur per- mettoict de sortir hors du logis de la Royne, et quant ils furent dehors on les menassa de tuer la Royne s'ilz amassoient gens pour la secourir. Cependant, lesditz rebelles, et autres Heuguenotz de Lislebourg qui s'assemblarent avecq eulx, entretenoient le Roy et le persuadarent si bien qu'il promist qu'il ne se trouveroict jamaiz au parlement s'il n'estoict faict roy; ce que lesdictz rebellez fasoient exprès, afin qu'il feît tout de luy mesmes et qu'il ne consentist à les condempner. Et luy revoit qu'ilz luy feroient bailler par les estas la couronne et [matri- monialle] et hereditalle, au moyen de laquelle, encores que la Royne n'eust poinct d'enfens, il demeureroict toutesfois roy après la mort d'elle. Mais les Estas, ayans entendu, tous s'en fuyrent, l'ung d'ung cousté, et l'aultre de l'aultre, tant qu'il n'y demeura que trois hommes, car les gens de bien et la noblesse ne volloient poinct tumber soubz son gouvernement ne consentir à chose extraordinaire. Le Roy voyant ces choses, et qu'il n'estoict pas maistre de ceulx mesmes qu'il avoict faict venir, s'en alla trouver la Royne sa femme, lui confessant sa faulte et luy demanda pardon, promectant de rabilher tout et advouant avoir faict mal et ne tendoient lesdictz rebellez et aultres à aultre fin que à la faire mourir; ce qu'elle congnoissoict très bien, estant entre leurs mains dont elle n'avoict moien d'eschapper, et grosse de six moys. En somme, ilz luy volloient oster la couronne dessus la teste et la bailher à son mary et desja faisoient des proclamations en son nom et l'auroient faict signer avecq eulx et avec tous les mynistres de ceste entreprinse. Et debvoient faire pendre à la porte du logis de la Royne Me Janes Baillhoes [James Balfour], tuer les de Flamy et de Leviston et noyer quelques unes des femmes de la Royne. De toutes lesquelles choses le Roy luy en a luy mesmes demandé pardon, luy confessant que si elle n'eschappoict bien tost de leurs mains, qu'ilz avoient desliberé de la fère mourir. Sur quoy la pauvre, ainsi grosse qu'elle est, volloict entreprendre de descendre avec des cordes la haulteur d'ung clocher pour se sauver de la forterresse de Dombertran. Et se ventoient lesdictz rebellez qu'ils avoient toutes faveurs de la royne d'Engleterre. — La pouvre dame ayant esté ainsi tractée et veu devant elle en sa chambre tous lesdicts rebelles desquelz elle fust injurié et que luy furent [firent] toutes les indignités, menasses et injures qu'il est poussible de fère, present son mary qui ne luy sçavoict donner autre confort, si nom de dire: « Ce n'est rien, » fut detenue deux jours et troys nuictz en sa chambre, sans permission en pouvoir sortir; et ce pendent, elle ouy proclamer au nom du Roy seul que tous papistes et tous ses serviteurs deslogeassent hors de la ville sur peyne de la mort, assigner ung nouveau parlement au nom de son mary, leur nouveau roy, et que à ce parlement elle seroict du tout deppossedée de son royauylme. Ce que luy causa ung extrême desplaisir, et mesmes qu'elle sceu que lesdictz rebelles avoient persuadé à son mary qu'il la falloict envoyer en quelque chasteau hors de là, affin qu'elle ne se mesla plus des affaires et que eulx seulx, je dictz les rebelles et nouveaulx venus d'Angleterre, — sçauroient bien tout faire et administrer le royaulme, et que si les serviteurs d'elle menoient des forces pour la delivrer du chasteau et prison où elle seroict, qu'ilz la mecteroient en pièces et la gecteroient aussi par dessus les murailhes, affin que les amys et serviteurs d'elle ne sceussent plus que demander. Le Roy, son mary, lors congnoissant leur cruelle intention, et quasi trop tard repenty de les avoir rappellez, s'en alla devers la Royne, sa femme, luy disant, tout espouvanté, qu'elle regarda de sauver sa vye et qu'il yroict avec elle hazarder la scienne. Et lors elle trouva moyen de fère entendre aux contes de Bauduel et Hontlay qu'ilz luy feissent fère des cordes pour descendre comme dessus est dict. Mais Dieu l'ayda, car en ses entrefaictes les rebelles s'advisèrent qu'il falloict pour leur seurté que, avant que de la mectre hors de là, ilz luy feissent signer des articles par lesquelz elle leur pardonneroict et quicteroict la messe et l'ancienne relligion. Le Roy, instruict de la Royne, leur feit croire qu'il les luy feroict signer, mais, affin qu'elle ne les peult revocquer, qu'il failloict faindre de la mectre ceste nuict là en liberté et jusques ad ce qu'elle les heust signés, que luy mesmes la garderoict : qu'on luy laisse entrer la garde et qu'il en respondroict. Lors ilz la laissarent pour ceste nuict, pensent qu'elle fust bien bas de sa santé ; le Roy feist entrer la garde et, à mynuict, le cappitaine de ladicte garde, le Roy et la Royne, montée derrière son escuyer, se sauvarent au gallop et arrivarent au poinct du jour à la forteresse de Dombarr où elle actendeict ses subgetz, lesquelz elle speroict [qu'ilz avoient faict] amatz de bon nombre de gens pour la venir secourir, ce qu'ilz n'eussent ozé fère quant elle estoict ès mains des rebelles, de paour qu'ilz ne la tuassent. Le Roy, son mary, est avecq elle, que ces rebelles cherchent fort d'accoincter, en menassent, si on les recharche plus, de fère mourir luy et elle. Il est vray que la Royne receu lectres de la Royne d'Englaterre où elle luy escripvoict que si elle ne pardonnoict au comte Moras, qu'elle le maintiendroict, luy et ses gens.

Le gentilhomme qui a apporté les lectres dict qu'il demeura deux jours au port pour actendre le vent et que se pendent il eust nouvelles que lesdictz rebelles, voyans que la Royne s'estoict ainsi sauvée et que les susdictz comtes l'estoient venue trouver avecq bien neuf mil hommes, si s'estoient fuyz de Lislebourg et retornés en Angleterre et que le Roy et la Royne sont retornés audict Lislebourg, où ilz avoient desja faict trancher la teste à cinq des principaulx de la ville, fauteurs de ceste entreprinse [1]. L'on espère que Dieu luy donnera grace de se fère obeyr et d'avoir la raison de ceulx qui l'ont ainsi offencé et de remectre sus la relligion cathollicque romeyne. Il est vrai que ce pendent la Royne d'Angleterre qui est cause de tout le malleur de la Royne d'Escosse, estimant qu'elle estoict ruynée et qu'elle n'auroict jamais moyen de se resouldre ne d'eschapper des mains de ses ennemys et mesmes ne sçachant quelle seroict l'issue de ceste tragedye, toutesfois, pour contynuer ses coups, a faict escripre et publier partout par son secretaire *Segill* qu'il luy desplaisoict fort l'inconvenyant advenu à la royne d'Escosse et de ce qu'elle c'estoict tant oblyée et que le roy d'Escosse avoict trouvé David Ricciol, son secretaire, couché avec elle et que pour ce il l'avoict ainsi faict tuer ledict secretaire et avoit faict emprisonner la Royne, sa femme; qui sont calompnies trop evidentes, actendu que ledict Ricciol estoict homme encien, bon et loyal serviteur du Roy et de ladicte dame Royne d'Escosse, laquelle, c'estant portée si sagement et vertueusement en quatre ans qu'elle a esté vefe, ne vouldroict, maintennant qu'elle a ung si beau mary, tumber en cest inconvenyant et avecq ung homme de tel eaige. Se sont des traictz propre à ceux de ceste relligion là, de ne cesser jamais de mesdire et calompnier et cela se trouvera toujours fort mal seant à la Royne d'Angleterre, qui se debvroict bien regarder avant que parlant de telles choses. Et Dieu, par sa grace, s'il luy plaict, garder à ladicte dame et son honneur et son royaulme.

(Copie du temps, papier).

XIII

1566, 12 juillet. — Paris.

Lettre à du Croc par l'archevêque de Glasgow [2], *ambassadeur de Marie Stuart en France : nouvelles de la Cour.*

[*Adresse au dos :*] A Monsieur

Monsieur du Croc, conseillier et maistre d'hostel ordinayre du Roy très chrestien, en Escosse.

Monsieur, j'ay esté bien ayse d'avoir sceu de voz bonnes nouvelles par Monsieur de Clervault qui vous rencontra par les chemins et aussi par Monsieur Thournton qui m'en escript de Londres, et combien que puys vostre partement de ceste court il ne ce soit presenté chose qui merite estre escripte, ce neaulmoins voyant Monsieur de Mauvisières, present porteur, s'en aller en Escosse visiter le roy et la royne de par

[1] Ici s'arrête le texte publié par Teulet.

[2] James Beatoun, archevêque de Glasgow, était ambassadeur de Marie Stuart auprès de la Cour de France. Il continua ses fonctions longtemps après la mort de sa souveraine et jusque sous le règne de Henri IV. Il mourut en avril 1603 (Teulet, *op. cit.*, tome V, page 1, note 2).

Leurs Majestés, je n'ay voullu faillir vous escripre [ce] mot de lectre et vous advertir que aussi tost que ledict sieur de Clervault feut [venu] en court, l'ayant presenté au roy et à la royne, il ne tarda gueyres après à partir pour s'en aller à Jonville [1], où il trouva Messieurs les Cardinaulx [2], Madame leur mère, Madame leur seur, Madame Saint Pierre [3] et Monsieur et Madame de Nemours [4], qui s'acheminoyent à Chambery pour veoir la Saincte Suere. Je vous laisse à panser avec quelle joye et contentement toute ceste compaignie receut ledict de Clervault avec si bonnes nouvelles, qui aussi ont esté de toute ceste court, et principallement de Leurs Majestés, bien receues et fort agreables. Monsieur le duc de Guyse [5] estoit jà party à poursuyvre son voyage de Hongrye. En somme, ledict de Clervault nous feit certain de la santé de tous ses bons seigneurs et dames, qui est telle que tous leurs bons amis et serviteurs leur souhaittent. Il n'a poinct sejourné après son retour en ceste ville, car il en partit le huictiesme de ce moys pour s'en aller pardevers Monseigneur de Savoye. Si ce pendant il se presente quelque chose par deçà, vollontiers vous en feray je part, vous priant au reste, si voyés que en quelque endroict j'aye moyen vous fère plaisir, me y employer et je vous assure et pro[mect en] tous lieux fère offices de bon amy. Je vous prieray aussi au [.....] vostre commodité nous fère sçavoir de voz bonnes nouvelles. Sur ce je feray fin, me recommandant à voz bonnes graces, priant Dieu vous donner en santé longue vye. A Paris, ce xij[e] juillet 1566.

[*Signé* :] Vostre humble et meillieur amy à vous obéir,

J. GLASCO.

(Dépêche originale, papier).

XIV

1566, 28 septembre. — Gaillon.

Charles IX annonce la prochaine arrivée en Écosse du Comte de Brienne [6], et du fils de Philibert du Croc, porteur de 1200 livres destinées à l'entretien de son père.

[*Adresse au dos* :] A Monsr du Crocq, gentilhomme de ma chambre.

Monsr du Crocq, j'envoye mon cousin, le conte de Brienne en Escosse, pour y lever sur les fons de baptesme mon nepveu, le prince

[1] Joinville (Haute-Marne), la patrie du chroniqueur, qui venait d'être érigée (1552) en principauté, en faveur de François de Lorraine, duc de Guise.

[2] Les cardinaux de Lorraine et de Guise.

[3] Renée de Guise (1522-1602), abbesse de Saint-Pierre de Reims.

[4] Anne d'Este, veuve de François de Guise, s'était remariée au duc de Nemours, Jacques de Savoie.

[5] Henri Ier de Lorraine, dit : *le Balafré*.

[6] Jean de Luxembourg, comte de Brienne et de Ligny, chevalier de l'ordre du roi. Mort le 1er juillet 1576.

d'Escosse, et tenir à la royne d'Escosse, madame ma seur, et au roy, son mary, l'honneste langaige qu'il vous dira. Et pour ce que je suis fort prié et requis de vous laisser encores par delà quelque temps pour le bien des affaires de mad. seur et que je n'ay aultre volunté que de les favoriser comme les miens propres, je vous envoye par vostre filz, qui s'en va en la compaignye de mond. cousin, douze cens livres pour vous donner moyen de satisfaire à vostre entretenement durant vostre sejour aud. pays, d'où je vous prie me faire ordinairement sçavoir des nouvelles à mesure qu'il s'offrira chose qui le merite. Priant Dieu, mons[r] du Crocq, qu'il vous ayt en sa garde. Escript à Gaillon, le xxviij[e] jour de septembre 1566.

[*Signé* :] CHARLES.

[*Et plus bas* :] BOURDIN.

(Dépêche originale, papier).

XV

1566, 2 novembre. — Saint-Maur-les-Fossés.

Lettre de créance pour du Croc, pour le cas où Marie Stuart viendrait à mourir.

Mon cousin, j'ay entendu avec ung enorme ennuy et desplaisir la nouvelle que le sieur du Croc me vient de faire sçavoir de la grandeur et extremité de la malladie de ma sœur la royne d'Escosse pour le regret que j'auroye de fère perte de la princesse de ce monde que j'ay toute ma vie aymée aussy cherement et encores que j'espère tant de la bonté de Dieu que je vueille croire que l'ayant visiter d'une sy griefve maladie, il l'aura restituée en sa première santé lorsque les hommes en auront eu moings d'esperance pour faire davantage paroistre la grandeur de ses miracles et de sa puissance. Cy et ce que le soing que je veulx avoir du petit prince, son filz, et du bien de ces affaires et de ceux generallement de tout son estat me faict vous prier que, advenant (que Dieu ne vueille) le trespar de madicte sœur, vous croyés le seigneur du Croc, gentilhomme de ma chambre, resident pardelà pour mon service, de tout ce que je luy et escriptz vous dire sur ce de ma part, comme vous voudriés faire ma propre pesonne *(sic)*; et je prie Dieu, mon cousin, qu'il vous ayt en sa saincte garde. Escript à S[t]. Mor, le ij[e] jour de nouvembre 1566.

[*Signé* :] CHARLES.

[*Et plus bas* :] BOURDIN.

(Expédition originale, papier).

XVI

1566, 2 novembre. — Saint-Maur-les-Fossés.

Lettre de Catherine de Médicis, portant instructions sur la conduite à tenir au cas où Marie Stuart viendrait à mourir.

[*Adresse, au dos :*] A monsieur du Croq, gentilhomme ordinaire de la Chambre du Roy, monsieur mon fils.

Monsieur du Croq, je ne vous sçaurois dire l'annuy et tristesse que m'a aporté votre lettre du vingt trois du passé, ayant entendu par icelle l'extremité de maladie de la royne d'Écosse, ma belle fille, et le peu d'esperance qu'il y avoit à sa guarison, qui me seroit bien l'une des plus douleureuses pertes que je sçaurois faire, pour l'avoir toute ma vie aimée aussy cordiallement que sy elle eust été ma propre fille et toujours tenue pour telle. J'attand avec une extrême crainte à ce qui se sera ensuivy de sa maladie. Cepandant le roy, monsieur mon fils, qui porte un deuil infiny de cette nouvelle, a advisé de vous faire la depesche que vous porte ce porteur, affin que, survenant le contraire de ce que nous desirons, vous aydez les affaires du pauvre pupille, qu'elle aura laissé encore au berceau, de l'autorité de son nom, et faites envers les seigneurs du pays toutes les remontrances, prières et requestes que connoistrez estre necessaires en un tel besoin, en attendant qu'après avoir eu plus amples nouvelles de vous là dessus, l'on puisse faire faire toutes les autres depesches que vous mesmes, qui estes sur le lieu, nous manderés estre requises davantage selon la necessité et diversité des occasions. Et pour ce que j'ay tousjours cognu le comte de Mora [1] avoir esté des plus fidelles et affectionnés envers ladicte royne, ma belle fille, en toutes ses adversités, vous luy pourrés dire en particullier de ma part que je le prie que, à un tel besoin, il fasse connoitre au roy, mondict sieur et fils, et à moy, et à toute la parenté, qu'il n'a, pour chose qui soit survenue, rien changé ny diminué de son ancienne fidellité et qu'il l'a convertie à l'endroit du petit prince et en tout ce qui appartient au bien de ses affaires, comme celluy qui a cet honneur d'estre issu de son sang et que, le faisant ainsy, je mettray peine toute ma vie de le faire reconoitre par le roy, mondict sieur et fils, en tout ce qui apartiendra à son bien, honneur et

[1] Il s'agit de lord Jacques Stuart, comte de Murray, frère naturel de Marie Stuart.

advancement. Priant Dieu, Monsieur du Croq, qu'il vous ayt en sa sainte garde. Ecrit à St Mort, le 2e jour de novembre 1566.

[*Signé* :] CATHERINE.

[*Et, plus bas* :] BOURDIN [1].

(Deux copies du temps, papier. Rien n'indique si l'original était en clair ou en chiffres).

XVII

1566, 18 novembre. — Saint-Maur-les-Fossés.

Catherine de Médicis dit à du Croc combien elle a été heureuse d'apprendre la guérison de Marie Stuart et combien elle le sera encore d'entendre du comte de Brienne les détails du baptême et de ce qui se passe en Écosse.

[*Adresse au dos* :] A monsieur du Croc, conseiller et maistre d'hostel du Roy, monsieur mon filz, estant pour ses affaires en Escosse.

Monsieur du Croc, vostre lectre du xxixe du passé m'a esté icy rendue depuis deux jours, par où j'ay sceu l'entière guarison de la royne d'Escosse, qui m'a esté nouvelle fort agreable et que je desirois et actendoys en bonne devotyon ; et ne me sçauriez faire service plus agreable que de continuer, à toutes les comoditez qui s'offriront, à me tenir tousjours advertye de sa bonne disposition, que je ne desire moins bonne que à ma fille propre. J'estime que mon cousin, le conte de Bryenne, ne tardera pas à revenir et que par luy j'en auray des plus certaines et sçauray comme tout sera passé à ce baptesme, très ayse d'entendre que le roy son mary commance à mieulx s'accomodder et recognoistre, et ne sçaurois ryens desirer plus singulierement que de veoir qu'il se comporte envers elle ainsy qu'il doyt et ne soyt ingrat du grant honneur qu'elle luy a faict, qui est le meilleur conseil qu'il sçauroyt prendre pour vivre en repoz et luy rendre le devoir qu'il appartient. Pryant Dieu, monsieur du Croc, vous avoir en sa garde. Escript à St-Maur, le xviij[e] jour de novembre 1566.

[*Signé* :] CATHERINE.

[*Et, plus bas* :] DE L'AUBESPINE.

(Dépêche originale, papier).

---

[1] L'une des deux copies donne : Jourdain, et l'autre : Bourdin, rectifié ensuite, semble-t-il, en Jourdin.

XVIII

1567, 19 janvier. — Paris.

Lettre de Charles IX : du Croc prolongera jusqu'à la Saint-Jean son séjour en Écosse et recevra 400 livres par mois.

[*Adresse au dos :*] A Monsr du Croc, gentilhomme ordinaire de ma chambre.

Monsr du Croc, à l'arrivée de mon cousin, le conte de Bryenne, et par les lettres que m'avez escriptes, j'ay entendu l'estat en quoy il a laissé toutes choses de delà, qui seroit très bon si l'intelligence estoit meilleure du Roy envers la Royne, ma sœur, et qu'il feist en son endroict ce qu'il luy doibt, comme je le desire, pour le bien et contantement que je luy veulx. Si ay je reçeu grant plaisir d'entendre que tous les seigneurs luy soyent si devotz et affectionnez et se comportent envers elle avecques le respect et le devoir qu'il appartient, en quoy je vous prye les conforter par tous les bons propoz et moyens que vous jugerez y estre necessaires et continuer ce que vous y avez bien faict jusques icy, leur presentant à ceste fin la response qui leur est presentement faicte, à ce que cy devant ilz escripvoyent [1] en general à la Royne ma mère des occasions des desordres qui estoient par delà, laquelle fut tardée sur la nouvelle que, au mesmes instant de la reception de leurs lettres, me vint de l'extremité de sa malladye, ainsy que vous veystes par la despesche que je vous y feiz en ce temps là, ayant lad. response esté remise en creance sur vous pour l'estendre et en parler ainsy que lad. dame Royne trouverra et vous dira qu'il sera plus à propoz pour le bien de ses affères et de son service, où je vous estime si utille et necessaire que je desire que vous n'en bougiez encores jusques à la St Jehan, à quoy vous me ferez service très agreable de vous disposer. Et pour vous donner moyen de vous y entretenir, ay ordonné au tresorier de mon espargne vous faire payer, tant que vous y serez, à la raison de quatre cens livres par moys, à quoy il satisfera, envoyant voz quictances, et verra ce que vous aurez reçeu depuis que vous estes en ceste charge pour vous en accommodder à ceste raison ; estant asseuré que oultre cella j'auray bien bonne souvenance de ce que voz services meritent, desirant au demourant que vous continuez à me fère part de ce qui s'offrira. Pryant

[1] Voir la lettre des seigneurs du Conseil privé d'Écosse, à Catherine de Médicis, du 8 octobre 1566, dans Teulet, *op. cit.*, tome II, pages 282-289.

Dieu, monsieur du Croc, vous avoir en sa saincte garde. Escript à Paris le xixe jour de janvier 1567.

[*Signé* :] CHARLES.

[*Et, plus bas* :] DE L'AUBESPINE.

(Dépêche originale, papier).

XIX

1567, 5 avril. — Londres.

Lettre de Bochetel de La Forest [1] *: nouvelles de France et indication des dispositions de l'Angleterre à l'égard des affaires d'Écosse.*

[*Adresse au dos* :] A Monsieur, Monsieur du Crocq, conseiller, maistre d'ostel du Roy et son ambassadeur en Escosse.

[*Au dos aussi, annotation manuscrite du temps* :] Despesche du xxvj[e] mars, receue le xij[e] apvril 1567.

Monsieur, je vous envoye ung pacquet du Roy qui vous est depesché, en mon adviz et selon que je puis comprandre par les lettres que Sa Majesté m'escrit, sur une occasion et sur ung adviz qui n'a pas fort grand fondement, au moins ainsi que je puis juger. Je m'actendz bien d'avoir bien tost de voz nouvellez et croy que Leurs Magestez n'en on pas moins de desir. Ce que j'entendz de France est que le xxvj[e] de ce mois Monsr de Guise arriva à la Court avec soixante chevaulx de poste; que Messieurs ses oncles seront incontinent après Pasques à Fontainebleau ; que le Cardinal de Chastillon est à la Court; que l'appoinctement des tresoriers a faict à cinq cens mille livres ; que, incontinent après Pasques, le Roy ira à Valery, où Monsr le Prince le doibt traicter, et de là à ..... [2]. D'icy je ne vouz puis mander aultre chose, sinon que tout y est au mesme estat de vostre partement et vous ozerois bien dire que si voz gens d'Escosse estoient si saiges que de composer tous differendz par ung bon moyen et amyable accord qu'ilz tromperont bien des gens cy, car ils font bien estat que quant ils se seront bien afoibliz par divisions et par ces recherches que j'entends que l'on veult fère, de leur courre sus et cependant, pour n'obmectre aucune chose qui leur serve, atizent le feu. Toutesfoys je veuls esperer quelque chose davantage de bon par la prudence de ceste Royne, laquelle a sur tout consideration grande d'en son particulier, et à qui le succez des affaires de la Royne d'Escosse doibvent servir de notable exemple. Dieu pourvoyra à tout s'il luy plaist, lequel je prye,

[1] Voir pages 32-33 la clé du chiffre employé pour la correspondance entre Bochetel de La Forest et du Croc.

[2] Ici, un nom de lieu que nous n'avons pu identifier.

Monsieur, vous donner ce que plus desirez, après mes humbles recommandations à vostre bonne grace. De Londres, ce v[e] jour de avril [1567].

Mais qu'il vienne à propos, je vous prye ramentevoir à la Royne les † (*sic*) deux petites haquenées dont je vous parle.

Vostre compaignon, serviteur et meilleur amy,

[*Signé* :] BOCHETEL.

(Dépêche originale, papier).

XX

1567, 27 avril. — Saint-Maur-les-Fossés.

Charles IX dit à du Croc la confiance qu'il met en l'heureuse issue du prochain Parlement *d'Écosse.*

[*Adresse au dos* :] A monsieur du Croc, mon conseiller, m[e] d'hostel ordinaire et ambassadeur en Escosse.

Monsieur du Croc, j'ay receu vostre lectre du viij[me] de ce moys, avecques celles de la royne d'Escosse, ma sœur, et entendu avecques grant plaisir en quel estat estoient les affaires de delà, beaucoup meilleur et plus tranquille que les nouvelles qui en estoient venues d'Angleterre ne portoient. J'estime que l'assemblée qu'elle faict faire de ce parlement où se trouveront, comme j'estime, tous les grandz du royaume, y establira et asseurera mieulx toutes choses ; et que par mesme moyen elle s'esclaircira ainsy qu'elle desire des coulpables de la mort du Roy, son mary, pour recepvoir d'un si meschant cas, par la pugnition qui s'en fera, la satisfaction qu'elle en cherche ; et le plus grant plaisir que je puisse avoir est de luy veoir tout contentement de l'obeissance restablye autant que je sçayz qu'il est raisonnable pour le bien de son royaume. Je ne luy faiz poinct pour le present de responce, d'aultant que ceste petite despesche va à l'adventure par la mer, par où vous sçaurez la reception de la vostre. Priant Dieu, monsieur du Croc, vous avoir en sa garde. Escript à St Maur des Fossez, le xxvij[e] jour d'apvril 1567.

[*Signé* :] CHARLES.

[*Et plus bas* :] DE L'AUBESPINE.

(Dépêche originale, papier).

XXI

1567, 27 avril. — Saint-Maur-les-Fossés.

Lettre, en partie chiffrée, de Catherine de Médicis à du Croc : demande des détails sur la réunion récente du Parlement *et instructions sur la conduite à tenir dans la suite.*

[*Adresse au dos :*] A Monsr du Croc, conseiller, maistre d'hostel ordinaire du Roy, monsieur mon filz, et son ambassadeur en Escosse.

Monsr du Croc. Ceste lectre ne sera pas longue et seullement pour vous advertyr que j'ay eu de ma part grant plaisir d'entendre que les affaires de la Royne d'Escosse, ma belle fille, vont de myeulx en myeulx et les choses à passer avecque plus d'esperance de tranquillité, ce qu'il fault esperer de l'yssue de ce Parlement, puis que tant de gens de bien s'y doivent trouver, dont je seray bien ayse d'avoir des nouvelles et que vous faciez auprès d'elle tous les bons offices que vous pourrez au bien de ses affaires, qui ne nous sont moings chers et recommandez que les nostres propres. J'ay receu du s[r] [*chiffres*] lectres en datte [*suivent cinq lignes en chiffres*]. Pryant Dieu, mons[r] du Croc, vous avoir en sa saincte garde. Escript à Saint-Maur, le xxvij[e] jour d'avril 1567.

[*Signé :*] CATHERINE.

[*Et, plus bas :*] DE L'AUBESPINE.

(Dépêche originale, papier. Voir la reproduction pages 56-57).

XXII

1567, 29 avril. — Saint-Maur-les-Fossés.

M. de Smith, au nom de la reine d'Angleterre, vient réclamer au roi de France la restitution de Calais : procès-verbal de l'entrevue[1].

[*Au dos :*] Memoire de ce qui s'est passé en France en la negotiation de Monsieur Smyth, 1567.

Le s[r] de Smith, envoyé de la royne d'Angleterre, accompaigné du s[r] de Norriss, ambassadeur de ladicte dame residant en France, vint, le xxixme jour d'avril mil v[c] soixante sept, trouver le Roy à S[t] Maur, auquel il feit entendre que, voyant la Royne, sa maistresse, les huict

[1] Bien que ce document ait été déjà publié dans les *Lettres de Catherine de Médicis* (tome III, pages 29-31), d'après une copie du *Record Office*, nous croyons utile de le reproduire ici, tel qu'il figure parmi les papiers de Philibert du Croc. Les deux textes sont identiques, à quelques lettres près ; mais cette identité même nous prouve bien que nous avons affaire à un véritable *procès-verbal* de la Conférence, et non pas simplement à un *récit* composé par les ambassadeurs anglais, ainsi que le considérait le comte de La Ferrière.

ans passez, dedans lesquelz, par le traicté dernierement faict au Chasteau Cambresis, entre le feu roy Henry, son père, et ladicte dame, Callays luy doibt estre rendu, elle avoit depesché le s[r] de Winter, son vysamyral et led. Smyth aussi pour venir aud. Callais en demander la restitution; auquel lieu ilz n'avoient trouvé personne qui les auroit oïz, de sorte que, suivant la charge qu'il avoit de sad. maistresse, il estoit passé oultre et venu devers Sa Majesté, la requerir, en vertu dudict traicté, de la restitution de lad. place et ses appartenances, comme de chose juste et raisonnable.

La respon[se] du Roy fut qu'il s'esbahissoit grandement de ceste demande, d'aultant qu'il avoit tousjours estimé et tenoit pour certain, veu les choses passées depuys led. traicté, qu'elle n'y avoit plus riens, et luy sembloit qu'il n'en failloit plus parler, mais seullement de l'entretenement de la bonne paix et amityé qui estoit entre eulx; en laquelle Sa Majesté desiroit continuer et fère cognoistre à lad. dame, sa maistresse, l'envye qu'il a de luy demourer bon et parfaict frère et amy; que neantmoings s'il ne se contentoit de ceste respon[se] et en voulloit sçavoir les raisons plus particulières, il feroit entendre à son conseil ce que led. ambassadeur luy avoit dict, et luy mesmes, s'il voulloit, y seroit oÿ, ouquel on luy en satisferoit plus amplement.

Là dessus se retirèrent lesd. ambassadeurs, et ayant le Roy communicqué aux princes de son sang et s[rs] de sondict conseil là assemblez, fut advisé d'entendre plus particullierement dud. s[r] de Smyth ce qu'il auroit à dire là dessus. Lequel, retourné qu'il fut, commencea à remonstrer, que par led. traicté le Roy, come successeur à ceste couronne, estoit tenu rendre lad. ville de Callais, laquelle il avoit charge de sa maistresse [1] de demander et le sommer d'y satisfaire; et allegua plusieurs raisons pour conforter lad. demande, toutes fondées sur led. traicté, entre autres que si on voulloit pretendre quelque innovation faicte audict traicté, c'estoit du costé du Roy que l'on y avoit commancé, allegant les armoiries d'Angleterre prises par la royne d'Escosse, vivant le roy François son mary, ce qu'il avoit tolleré; aussi que sadicte maistresse avoit plusieurs lettres interceptés. par où se verra que les capp[itain]es et gens de guerre françoys, qui estoient lors en Escosse, n'avoient pas seullement charge de conserver led. pays, mais d'entreprandre sur le roy[au]me d'Angleterre; par où elle pretend que l'innovation première est du costé du Roy.

Il luy fut respondu par mons[r] le Chancellier que, led. traicté bien entendu, il se veoyoit clairement qu'elle estoit descheue de ce qu'elle pretendoit aud. Callais, en ce qu'il porte que celluy qui commancera à attenter par armes est excludz et privé de tout droict; qu'il estoit clair et sans difficulté que, se saisissant du Havre de Grace, elle estoit tumbée en la peyne dud. traicté. De fonder l'innovation de nostre costé

[1] Ainsi qu'il est naturel, le texte du *Record Office*, publié dans les *Lettres de Catherine de Médicis*, donne : *Sa Majesté*, au lieu de : *Sa maistresse*.

pour les armoiries prises par ladicte royne d'Escosse, s'estoit chose qui ne regardoit point le Roy et ne le touchoit aucunement; qu'il fauldroit qu'ilz s'en adressassent à elle, si raison y avoit. Et encores quant il fauldroit commancer de ce temps là à regarder qui auroit failly le premier, il se trouveroit que ce seroit lad. dame royne d'Angleterre, d'aultant que l'on sçavoit bien le secours, faveur et assistance de gens, d'argent, artillerye et munitions qu'elle avoit envoyées aud. pays pour deffendre les Escossois, lors ses sugectz et desobeissans; et pour lesquelz chastier et remectre en obeissance, Sa Majesté avait envoyé ses forces par delà, et non à aultre occasion, en quoy ilz feurent empeschez par l'armée que y avoit par mer et par terre lad. dame royne d'Angleterre, qui mesmes tint la ville du Petit Lict longuement assiegée; par où elle faisoit ouverte declaration d'hostillité et contrère aud. traicté, et par ce moyen perdoit le droict que ledict traicté de Cambresis luy laissoit sur led. Callais. Quant ausdictes lettres interceptés, quant il y en auroit de ceste substance (que non, d'aultant que l'on sçayt que jamays le Roy n'eut ceste intention) ce seroit ung fondement qui ne seroit assis que sur oppinion. Et ledict traicté parle clairement quand il dict : par armes, ainsi qu'il s'est veu que du costé de ladicte dame royne d'Angleterre elle a faict aud. pays d'Escosse et depuys au Havre de Grace et au Rouen mesmes, où beaucoup de ses sugectz feurent trouvez à la reprinse de lad. ville de Rouen.

Pour davantaige justiffier aud. s^r de Smyth ce qui regarde le faict d'Escosse, Sa Majesté voullut que l'evesque de Vallences [1] luy touchast particullierement ce qu'il en sçavoit, comme cell[uy] qui y fust lors envoyé et demoura par delà jusques à la resolution des choses. Lequel declaira que la principalle occasion pour laquelle il y alla estoit pour oster à ladicte dame royne d'Angleterre le souspeçon qu'elle disoit avoir des forces de France, offrant, si elle voulloit en fère retirer ses gens, de fère revenir les Françoys qui y estoient, après que l'obeissance y seroit rendue, y laissant seullement nombre suffisant et necessère pour la garde des places fortes; mais, comme longtemps auparavant elle avoit traicté avec lesd. Escossois tumultuans, elle ne voullut recevoir aucune condition, jusques à ce que finallement elle les reduisit, avecq la faveur desd. Escossoys et l'armée grosse qu'elle y avoit, dedans le Petit Lict et les y tint assiegez l'espace de deux moys et jusques au traicté que y fut faict, par où ilz feurent contrainctz de retourner et laisser led. pays en la puissance desd. rebelles; lequel traicté ne fut neantmoings point ratiffié par led. roy Françoys, d'aultant que lesd. Escossoys devoient envoyer devers Sa Majesté dedans certain temps après, ce qu'ilz ne feirent; et cependant intervint son decez. De manière que ladicte dame royne d'Angleterre, quant bien il luy

[1] Jean de Montluc, frère puîné de Blaise de Montluc, prélat et diplomate, mort en 1579. Il fut d'abord dominicain, devint aumônier de Marguerite de Navarre et fut nommé évêque de Valence en 1553.

pourroit servir, ne s'en sçauroit ayder, n'ayant pas esté approuvé du prince, par la mort duquel nous demourons deschargez de ce qui concerne led. royaulme d'Escosse.

Led. s[r] de Smyth, laissant à part led. faict d'Escosse, retournoit tousjours sur l'obligation dud. traicté de Cambrésis, disant que le Roy ne se pouvoit raisonnablement excuser de la restitution de lad. ville de Callais, d'aultant que ce que ladicte royne d'Angleterre avoit faict, s'impatronissant dud. Havre de Grace, n'avoit esté que pour le bien de ses affères et le luy conserver ès troubles dont son roy[aul]me estoit travaillé, faisant en cest endroict office que les princes amys doibvent à leurs voisins jeunes et en affliction, comme elle avoyt assez decleré par plusieurs escriptz qu'elle avoit faict publier, insistant tousjours à lad. restitution et davantaige à la peyne de cinq cens mille escuz portez par led. traicté au cas de reffuz. A quoy luy fut replicqué qu'elle avoit fort mal faict paroistre en l'execution de ceste sienne publication qu'elle eust ceste intention : car comme il eust pleu à Dieu paciffier ce roy[aul]me et ung chacun retourné en l'obeissance accoustumée du roy, elle avoit esté requise se departir dud. Havre et en retirer ses forces, pour lequel effect feurent envoyez plusieurs bons personnaiges devers elle; mais au lieu d'y satisfère elle en feist sortir tous les Fran[çois] qui estoient dedans, renforcea la garnison qu'elle y avoit de plus grand nombre d'hommes, d'artilleryc et munitions presque incroyable et telle de toutes armes, equipaige de chevaulx et autres provisions de vivres qu'elle laissoit assez à penser qu'elle n'avoit pas seullement volunté de se contanter dud. Havre, mais d'estendre ses aisles plus avant, se laissant entendre qu'elle le gardoit seullement en attendant que l'on luy eust faict raison dud. Callays, faisant tacitement congnoistre par là qu'elle veoyoit bien avoir du tout perdu Callais et en voulloit fère ung nouveau dud. Havre, où elle s'oppiniastra tellement que le roy fut contrainct y envoyer une armée qui tint led. Havre longuement assiegé, non pas trop estroittement, en esperance qu'elle se recognoistroit, et les choses y passeroient plus doulcement; ce qui n'y proffitta de riens, de sorte que Sa Majesté y feist marcher monsieur le Connestable et ses principaulx capp[itai]nes en intention de les suivre en personne; mais il advança tellement l'affère que ceulx de dedans, qui estoient en nombre de plus de six mille hommes, se veoyans prestz d'estre forcez s'accommodèrent à le rendre. En quoy ilz feurent, pour le respect de lad. dame royne, de laquelle le roy a tousjours eu l'amityé en recommandation, gratieusement et favorablement traitez. Par où tout le monde peult juger si elle a raison de venir à présent demander led. Callaiz, qui est ung vray heritaige et patrimoine de la couronne de France, detenu comme chacun sçayt sans aucun droict que de la force [1], que ce n'est riens du leur ne conquest

[1] L'incidente : *detenu comme chacun sçayt sans aucun droict que de la force*, ne figure pas au texte publié dans les *Documents inédits*.

XXI. — 1567, 27 Avril.

Lettre, en partie chiffrée, de Catherine de Médicis à du Croc.

faict sur eulx, mais chose remise en son antienne et naturelle obeissance, fort esloignée d'eulx, que Dieu a divinement separez de nous, ayant voullu, par le succez des choses, ainsi que dict est, cy dessus passées, oster toute occasion à l'advenir de querelle et guerre entre ces deux nations et asseurer le moyen de fère durer perpetuellement entre eulx la bonne paix et amityé qui y est, que Sa Majesté desire conserver de sa part, et encores qu'il eust assez occasion de demander à lad. royne recompence des grandz fraiz et despences qu'il a esté contrainct de fère pour le recouvrement dud. Havre et aultre dommaige par luy souffertz; dont il ne veult fère autre instance, mais à tout cella preferer l'amityé de ladicte dame, laquelle le roy s'asseure que ayant bien consideré toutes ces raisons demeurera satisfaicte et en non moindre desir de conserver l'amityé et bonne intelligence de Sad. Majesté.

Ne fut aussi oublyé faire entendre aud. s[r] de Smyth que ledict traicté porte que l'on ne pourra retirer, supporter ne favoriser les subgectz l'ung de l'autre prince sans contravention dud. traicté et que ladicte dame royne d'Angleterre sçayt bien ce qu'elle a faict à l'endroict des Escossois, et aussi combien de Françoys elle a retenuz et recellez en son roy[aul-]me fugitifz et proscriptz de ces roy[aul]mes sans qu'elle les ayt jamays voullu rendre suivant led. traicté, quelque instance et interpellation qui luy en ayt esté faicte de la part de Sa Majesté, qui sont toutes choses qui empirent sa cause, comme il est aysé à juger.

(Copie du temps, papier).

XXIII

1567, 14 mai. — Saint-Maur-les-Fossés.

Lettre de Catherine de Médicis à du Croc, touchant la conduite de Marie Stuart.

[*Annotation contemporaine au dos :*] Double de lettres en chifre.

Monsieur du Croc. Par ceste despesche, vous sçaurez seullement la reception de voz lettres des xvj[e], xxiiij[e] apvril et quatriesme du present, par lesquelles nous avons esté bien avant advertiz de l'estat des affaires, que je ne puis que grandement desplorer et mesmes la fortune de la Royne, ma belle fille, agitée et tourmentée comme elle est. Nostre Seigneur l'esprouve par diverses visitations et s'il luy faict la grace d'y pouvoir resister, je l'estimeray bien heureuse [1]. J'ay à vous dire ce qu'il me semble des deportemens. Je juge par voz lettres que c'est une princesse perdue, à quoy j'ay incroiable regret, pour l'amitié

[1] Dans l'interligne, visant la suite de la lettre, annotation contemporaine, qui paraît de la même encre et de la même main que celle du dos de la pièce : *Ce qui etoyt en chifre.*

que je luy ay tousjours portée et l'honneur qu'elle a receu en ce roiaume, qui la debvroit stimuller à prendre autre chemyn que celluy que je veoy qu'elle tient. Je ne sçay que vous dire sur ce que vous demandez que vous aurez affaire si elle vient à declaration de ce nouveau mariaige, car je n'y veoys propos ny apparence, mais toute ruyne et desolation que Dieu envoiera sur elle et sa maison, si elle est cause de la mort de son mary et si oubliée que ce que le monde en peult juger par ses deportemens; et suffira que nous vous en facions sçavoir nostre advis quant elle nous aura faict advertir. Vous avez commencé à faire bon office: continuez et n'obmectez riens de ce que vous pourrez penser servir à la redresser au bon chemyn et en l'esperance qu'elle doibt avoir que continuant à se bien conduire elle n'aura jamais faulte de toute la faveur et ayde qu'elle peult attendre de ce costé. Et ne vous lassez pas de demeurer là, dont je vous feray bailler tous moiens et recompenses des services que vous y aurez et avez faictz, continuant à nous tenir advertiz de tout ce qui surviendra. Priant Dieu, Monsieur du Croc, vous avoir en sa garde. Escript à S^{t}. Maur des Fossez, le xiiij jour de may 1567.

(Copie contemporaine, papier).

XXIV

1567, 1er juin. — Paris.

Lettre de Charles IX annonçant à du Croc la prochaine arrivée de M. de Villeroy [1] en Écosse.

[*Adresse au dos :*] A Monsr du Croc, mon conseiller, maistre d'hostel ordinaire et ambassadeur en Escosse.

Monsieur du Croc, j'envoye le s^{r} de Villeroy, mon conseiller et secretaire de mes finances present porteur par delà, pour l'occasion que vous saurez de luy et verrez par les memoyres [2] que je luy ay faict bailler, que vous croirez comme moy mesmes, l'ayant choisy pour la fiance grande que j'ay en luy et l'asseurance qu'il sçaura bien faire ce dont vous l'advertirez, desirant que vous me le renvoiez si bien adverty et instruict de toutes choses que j'en puisse avoir le contantement que j'en actendz, priant Dieu, monsieur du Croc, vous avoir en sa saincte garde. Escript à Paris, le premier jour de juing 1567.

[*Signé :*] CHARLES.

[*Et, plus bas :*] DE L'AUBESPINE.

(Dépêche originale, papier).

[1] Nicolas de Neufville, seigneur de Villeroy, diplomate et homme d'État (1542-1617). Il était beau-frère de Sébastien de L'Aubespine.

[2] Ce mémoire a été publié par Teulet, *op. cit.*, tome II, pages 322-324.

XXV

1567, 29 juin. — Saint-Germain-en-Laye.

Lettre de Charles IX : les affaires d'Écosse sont si graves qu'après M. de Villeroy, le roi se propose d'y envoyer M. de La Chapelle des Ursins [1].

[*Adresse au dos* :] A monsieur du Croc, mon conseiller, maistre d'hostel ordinaire et mon ambassadeur en Angleterre *(sic)*.

Monsieur du Croc, par ceste lettre vous sçaurez la reception des vostres, des xiiij, xxv et xxvij^{mes} may, vj, viij et xvij^{mes} du present, par lesquelles j'ay bien au long et par le menu esté adverty de tout ce qui s'est offert par delà, et entendu des choses qui tant m'ont despleu que je ne les veulx poinct repeter [2], mais plaindre les tristes et facheux inconveniens advenuz à la Royne d'Escosse ma sœur, à quoy je vouldroys povoir donner quelque allegement ; et pour la conforter, encores que par l'arrivée devers elle du jeune Villeroy elle aura eu occasion de croyre le bien que je luy desire, à son royaume et à son estat, ay deliberé faire partir dedans deux ou trois jours le s^{r} de la Chappelle des Ursins, chevalier de mon ordre, qui ira, instruict de mon intention sur toutes choses, lequel je desire vous trouver encores là, et est l'occasion de ceste depesche, pour vous pryer ne partir poinct qu'il n'y soit arrivé, et ce pendant, en me faisant service ne vous lasser de fère pour le bien d'elle et de son estat tout ce que vous pourrez. Car riens qui me soit plus agreable ne sçauriez vous fère, remectant le surplus à ce que je vous pourrois escrire à l'arrivée dud. s^{r} de la Chappelle et pryant Dieu, monsieur du Croc, vous avoir en sa garde. Escrit à S^{t}. Germain en Laye, le xxixe jour de jung 1567.

[*Signé* :] CHARLES.

[*Et, plus bas* :] DE L'AUBESPINE.

(Dépêche originale, papier).

---

[1] Il s'agit ici, vraisemblablement, de Christophe Jouvenel des Ursins, baron de Traynel, seigneur de La Chapelle et autres lieux, lieutenant du roi en l'Ile-de-France, gouverneur de Paris, chevalier des ordres du roi ; époux de Madeleine de Luxembourg, fille d'Antoine, comte de Brienne ; mort en 1588.

[2] Le 17 juin, en particulier, du Croc avait écrit deux lettres : l'une, au roi, exposant l'affaire de Seaton et l'emprisonnement de Marie Stuart ; l'autre, à la reine-mère, dont la conclusion est la phrase connue : « ... les maleureux faicts sont trop prouvés. » Voir Teulet, *op. cit.*, tome II, pages 309-322.

XXVI

1568, 5 octobre. — Paris.

Le roi invite du Croc à rejoindre au plus tôt M. de Saint-Hérem [1], *lieutenant général au gouvernement d'Auvergne.*

[*Adresse au dos* :] Monsieur du Crocq, gentilhomme ordinaire de ma chambre.

Monsieur du Crocq, encores que je m'asseure pour le bon zelle et grande affection que vous avez à mon service et au bien et prosperité de mes affaires, il ne fust besoing vous en faire aucune recommandation, touteffois estans aujourd'huy plus que jamais en saison où il fault que chascun de mes bons, loyaulx et affectionnez subgectz monstre par effect sa bonne volunté, je vous prie d'adviser d'aller trouver le plus tost que vous pourrez le s^{r} de St Heran, mon lieutenant general au gouvernement d'Auvergne, au meilleur equipaige qu'il vous sera possible pour me fère service et l'assister de voz forces et moiens selon les occasions qui se presenteront pour la garde et conservation en mon obeissance de mond. païs d'Auvergne, à ce qu'il n'y soit riens entreprins au prejudice de mond. service, vous asseurant que je sçauray fort bien recongnoistre envers vous et les vostres, l'occasion se presentant, le service que j'espère tirer de vous en cest endroict. Supliant atant le Createur, monsieur du Crocq, en sa très saincte et digne garde. Escript à Paris, le Vme jour d'octobre 1568.

[*Signé* :] CHARLES.

[*Et, plus bas* :] ROBERTET.

(Dépêche originale, papier).

XXVII

1570, 11 février. — La Rochelle.

Passeport de Jeanne d'Albret pour du Croc qui retourne auprès du roi.

La Royne de Navarre.

A tous gouverneurs, cappitaines, chefz et conducteurs de gens de guerre, tant de cheval que de pied, maistres de ports, ponts, peaiges,

[1] Gaspard de Montmorin, seigneur de Saint-Hérem et autres lieux, se démit en 1579 de sa charge de lieutenant-général au gouvernement d'Auvergne, et mourut probablement en 1582. Cf. Teilhard de Chardin (E.), *De la conduite de Gaspard Montmorin Saint-Hérem, gouverneur d'Auvergne, après la Saint-Barthélemy*, dans : *Bulletin historique et scientifique de l'Auvergne*, 2e série, 1897, pages 204-220.

passaiges et aultres qu'il appartiendra, nous vous mandons et enjoignons par ces presentes laisser passer seurement et librement le s[r] du Croc, conseiller et maistre d'hostel du roy mon seigneur, avec ses gents, serviteurs, armes et chevaulx, lequel part de ceste ville pour retourner vers Sa Majesté, sans luy donner ne permettre luy estre faict, mis ou donné aulcun destourbier ne empeschement, ains luy donner et prester tout l'ayde, secours et faveur dont il aura besoing et serez par luy requis. Faict à La Rochelle, le xj[e] jour de febvrier 1570.

[*Signé :*] JEHANNE.

(Pièce sur papier, avec signature, sans sceau).

XXVIII

1570, 4 août. — Saint-Germain-en-Laye.

Instructions de Charles IX à du Croc, en vue de la conclusion d'un emprunt.

Le Roy ayant fait estat d'estre promptement secouru par emprunt de chascun mil escuz sur les aisez de sa bonne ville et cité de Paris, congnoissant aussi qu'il est besoing et necessaire de commettre et deputer certains personnaiges pour l'acceleration dud. emprunt, a pour cest effect commandé au s[r] du Croc, son conseiller et maistre d'hostel ordinaire, et à Dolu [1], aussi son conseiller et secrétaire de ses finances, de se transporter incontinent en lad. ville de Paris et fère ce qui s'ensuit.

Premierement, arrivez qu'ilz seront aud. Paris, se transporteront par devers les s[rs] de Cely [2], premier president en sa court de Parlement, Seguier [3], president en lad. court, de Villeroy [4], prevost des marchans de lad. ville, et Nicolaï [5], premier president en sa chambre des comptes, tous conseillers dud. seigneur en son conseil privé, pour leur fère entendre l'occasion de leur venue aud. Paris et comme estant

---

[1] Dolu était en même temps *argentier* de Catherine de Médicis (Voir : *Lettres de Catherine de Médicis*, tome III, pages 303 et 320).

[2] Christophe de Thou (1508-1582), seigneur de Bonneuil, de Cély, etc., le père de l'historien.

[3] Pierre Séguier (1504-1580), président à mortier au Parlement de Paris.

[4] Nicolas de Neufville, chevalier, seigneur de Villeroy et autres lieux, eut en 1568 le titre de Prévôt des marchands de Paris.

[5] Antoine Nicolaï, seigneur de Goussainville, succéda à son père, en 1555, dans la charge de Premier Président à la Chambre des Comptes.

très necessaire que Sa Majesté, veu l'estat auquel sont maintenant reduitz ses affaires, soit incontinent secourue d'une bonne somme de deniers par le moyen desd. empruntz. Ayant par cy devant fait preuve en plusieurs endroitz de leur singulière affection qu'ilz portent à son service, ne fait aucun doubte qu'ilz ne luy facent prest chascun desd. mil escuz, si jà ne l'ont fait, à quoy elle s'asseure qu'ilz ne se monstreront retifz pour donner exemple aux autres et occasion d'en fère le semblable, les asseurant Sad. Majesté que des deniers qui proviendront de ses parties casuelles ilz seront remboursez selon l'ordre de priorité ou posteriorité, ainsi que par cy devant il a esté fait en pareille occasion.

Cela fait, et après que lesd. du Croc et Dolu auront monstré ausd. s[rs] de Cely, Seguier, de Villeroy et Nicolaï le roole signé de la main de Sa Majesté auquel sont comprins ceulx dont elle entend tirer pareil secours en lad. ville de Paris, ilz yront particulierement en toutes leurs maisons, et, après leur avoir baillé les lettres qu'elle leur escrit pour cest effect, leur feront aussi de sa part instante prière et requeste de la vouloir, ainsi que par cy devant une bonne partie d'eulx a fait, accommoder par prest chascun desd. mil escuz, les induisans à ce fère par tous les moyens et bonnes raisons dont ilz se pourront adviser, mesmes par les commoditez à plain contenues en l'edit cy devant fait par Sa Majesté pour le fait dud. emprunt; et afin que les denommez aud. roolle ayent plus d'occasion d'y entrer et s'asseurer de leur remboursement, lesd. du Croc et Dolu leur feront bien entendre le reiglement que Sad. Majesté a donné pour ce regard et comme elle a commis à la recepte desd. deniers ou pretz le s[r] Marcel qui leur fera promesse de les rembourser des premiers deniers qui proviendront des partyes casuelles que Sa Majesté y a pour cest effect destinez et ordonné qu'ilz soient mis ès mains dud. Marcel pour, à mesure qu'ilz viendront, les convertir au payement d'iceulx, selon l'ordre de priorité ou de posteriorité de leurs promesses.

Et d'autant qu'il en pourroit avoir quelcun si peu affectionné au bien publicq et qui, n'ayant esgard ny à l'injure du temps ni au besoing que Sa Majesté a d'estre promptement secourue, ne voudroit pour tout cela l'ayder de ses moyens en une si juste occasion, voulant icelle Sa Majesté recongnoistre par cy après envers ceulx qui liberalement y emploieront leurs facultez le service signalé qu'ilz feront à ceste couronne, et se resouvenir aussi de ceulx qui n'auront tenu compte de la prière qu'elle leur fait en cest endroit, a ordonné aud. Dolu de mettre particulierement par escrit les responces de chascun des contenuz aud. roolle et les envoyer par devers Sad. Majesté pour y pourvoir ainsi qu'elle advisera.

Et pareillement afin que Sad. Majesté sache de jour à autre tout ce qui se negociera en ce que dessus, elle a ordonné ausd. s[rs] de Cely, Seguier, de Villeroy et Nicolaï de s'assembler de deux jours l'un pour entendre desd. du Croc et Dolu ce qui sera passé en cest affaire afin d'y adviser des moyens qu'il faudra tenir et de tout advertir ordinairement Sad. Majesté.

Faict au conseil tenu à St Germain en Laye le iiij[e] jour d'aoust 1570.

[*Signé* :] CHARLES.

[*Et, plus bas* :] DE NEUFVILLE.

(Dépêche originale, papier).

XXIX

1571, 2 décembre. — Durtal.

Du Croc signifiera aux ducs de Guise et d'Aumale et au marquis du Maine qu'ils ne seront reçus à la Cour qu'accompagnés de leur suite habituelle.

[*Note contemporaine, au dos* :] Instruxion pour le seigneur du Croc, allant de la part de Sa Majesté vers la Maison de Guize.

Le s[r] du Crocq, que le Roy envoye vers mess[rs] les ducz de Guyse et d'Aumalle et marquis du Maine, leur dira les choses qui ensuivent de la part de Sad. Majesté :

Que ayant cy devant envoyé vers eulx le s[r] de Puiguillon, son maistre d'hostel, pour leur proposer aucunes choses sur l'apaisement et apoinctement du differend qu'ilz peuvent avoir avec mons[r] l'Admiral, pour le desir que Sad. Majesté a d'oster toute occasion qui peult apporter trouble en ce royaulme, elle a entendu par led. s[r] de Puiguillon et aussi par les lettres qu'il luy en ont escriptes qu'ilz desiroient de faire là dessus eulx mesmes leur responce à Sad. Majesté et à ceste fin la venir trouver, ce qu'elle aura tousjours bien fort agreable, pourveu que ce soit avec leur train accoustumé. Mais ayant sceu, mesmement par ce que led. s[r] de Puiguilon luy en a confessé, qu'ilz se deliberoient de venir vers Sad. Majesté grandement acompaignez, elle a donné charge aud. s[r] du Crocq de leur dire que c'est chose qu'elle ne veult en façon du monde et leur deffend bien expressement; ains s'ilz ont volunté de se rendre près de Sad. Majesté, qu'ilz le facent avec leurs simples trains acoustumez, sans amener avec eulx, ny envoyer devant ou faire venir après autre plus grande compagnie; d'aultant que c'est chose qu'elle ne veult plus permectre à quelque personne que ce soit de son royaume sans en avoir son commandement, et feust ce à ses propres frères.

Et là où lesd. s[rs] ducz de Guyse et d'Aumalle et marquis du Maine ne se resouldroient à venir de ceste façon vers Sad. Majesté, led. s[r] du Crocq leur dira de sa part qu'elle veult qu'ilz se retirent chascun en leurs maisons, jusques à ce qu'elle leur ayt faict entendre sa volunté.

Faict à Duretal, le deux. jour de decembre 1571.

[*Signé* :] CHARLES.

[*Et, plus bas* :] BRULART.

(Dépêche originale, papier).

XXX

1572, 8 février. — Blois.

Passeport pour du Croc, envoyé en Écosse avec mission de passer par l'Angleterre.

De par le Roy.

A tous noz lieutenans generaulx, gouverneurs de noz provinces, admiraulx, visadmiraulx, bailliz, seneschaulx, prevostz, juges ou leurs lieutenans, maires, consulz, eschevins de villes, gardes de portes, pontz, portz, peages, passaiges et à tous noz justiciers, officiers et subgectz qu'il appartiendra, salut. Envoyant presentement nostre amé et féal conseiller et m[e] d'hostel ordinaire, le s[r] du Croc, present porteur, en Escosse, passant par Angleterre, nous voullons et vous mandons que vous ayez à le souffrir et laisser passer par chascun de voz povoirs, jurisdictions et destroictz, avec ses chevaulx, malles et hardes librement et sans luy faire, mectre ou donner, ne souffrir luy estre faict, mis ou donné aucun trouble, arrest, destourbier ou empeschement, lequel, sy faict, mis ou donné luy avoit esté ou estoit, mectez le ou faictes mectre incontinant et sans delay à plaine et entière delivrance et au premier estat et deu. Mandons en oultre au contrerolleur general de noz postes et m[es] tenans icelle luy faire bailler chevaulx et guides necessères pour l'accomplissement de son voiage en payant raisonnablement et ainsy qu'il est accoustumé. Car tel est nostre plaisir. Donné à Bloys, le viij[e] jour de fevrier mil cinq cens soixante douze.

Par le Roy

[*Signé* :] PINART.

(Original, parchemin, avec trace de cachet sur bandelette de papier).

XXXI

1572, 20 mars. — Blois.

Instructions de Charles IX à du Croc sur la conduite à tenir au cours de sa mission, particulièrement en ce qui concerne le jeune prince d'Écosse et les bonnes dispositions pour la France qu'il y a lieu de cultiver en lui.

[*Adresse au dos :*]

A Monsieur du Croq, mon conseiller et m[e] d'hostel ordinaire, resident pour mes affaires et service en Escosse.

Monsieur du Croq, je suis bien marry que la Royne d'Angleterre n'a aussi voluntiers accordé la requeste que luy avez faicte de ma part pour la liberté de ma seur la Royne d'Escosse, que de bon cueur je la luy ay faict fère. Mais à ce que j'ay veu par les lectres que le s[r] de La Mothe Fennelon et vous m'avez escriptes par le s[r] du Vergier, tant s'en fault qu'elle veille lascher madicte seur, qu'au contraire elle s'est encores aigrie davantaige contre elle, aiant surprins à ce que me mandez, ung chiffre par lequel elle advertissoit le Duc d'Albe de se haster de conduire des vaisseaulx en Escosse pour se saisir du prince son filz, comme chose qui luy seroit fort aizée, et avec lequel elle se commectoit au Roy d'Espaigne et l'asseuroit de la bonne part qu'elle avoit en Angleterre et des seigneurs qui y favorizoient son party; estant très marry que cella soit ainsy advenu, et quand bien il y auroit quelque artiffice audict dechiffrement, si vous veulx je bien dire que j'ay advis de bon lieu que veritablement le Duc d'Albe a secretement intelligence bien bonne avec le Conte de Mar et aucuns autres qui sont auprès dudict prince, faisans demonstration de n'aymer guères les Espaignolz et que toutesfois ilz s'entendent fort bien avec eulx, de sorte qu'il y auroit danger qu'ilz feussent gaignez et que ceulx là mesmes menassent la praticque pour fère transporter ledict prince, et pour ceste cause je vous prie vous rendre audict païs d'Escosse le plus tost que pourrez (si jà n'y estes à la reception de ceste lectre) et ayez l'œil ouvert, sans fère semblant de rien, ad ce que, s'il y avoit quelque menée pour ce fère, vous donniez si bon ordre que le puissiez empescher, comme il vous sera ayzé, car ceulx du païs ne le doibvent pas desirer, comme aussy crois je qu'ilz ne font, et moings qu'il soit ès mains des Espaignolz que de nulz autres, pour ce que se sont gens qui n'ont ny n'eurent oncques alliance ny amityé avec eulx qui leur peust donner occasion d'en esperer aucun adventaige. Et affin que vous puissiez tousjours veoir plus clair en cecy, je desire bien fort que vous vous rendiez audict païs d'Escosse si agreable aux ungz et aux autres (comme j'espère que ferez) pour ce que je sçay qu'ils vous ayment tous, qu'ilz reçoivent vostre conseil et advis, non seullement pour les mettre bien tost d'accord, mais aussi, quand ilz le seront, avoir, comme vous avez quelques fois eu, toute communicquation en leurs affères, affin que ledict prince soit nourry en bonne intelligence et parfaicte amityé *et affection* [1] avec moy suivant la proximité de parenté qui est entre nous, et aussi suivant les antiens traictez et amitiez de mes predecesseurs et des sciens. J'escriptz audict s^r^ de La Mothe qu'il face tousjours tous bons offices envers ladicte Royne d'Angleterre pour madicte seur la Royne d'Escosse, mais qu'il s'y comporte avec telle discretion que ladicte Royne d'Angleterre puisse si bien recevoir les prières qu'il luy en fera de ma part que cella ayde à luy fère avoir meilleur et plus gratieulx traictement, en attendant que nous verrons s'il se presentera quelque honneste moyen et occasion pour poursuivre encores sa liberté, en quoy je m'emploiray et interviendray tousjours de très bon cueur envers ladicte dame Royne d'Angleterre, vous priant, pour la fin de ceste lettre, que le plus souvant que vous pourrez j'aye de voz nouvelles, comme il vous sera bien ayzé, adressant voz depesches à icelluy s^{r} de La Mothe ou à Dieppe, pour les me fère tenir. Priant Dieu, Monsieur Du Croq, qu'il vous ayt en sainncte et digne garde. Escript à Blois, le xxme jour de mars 1572.

[*Signé* :] CHARLES.

[*Et plus bas* :] PINART.

(Dépêche originale, papier).

XXXII

1572, 22 mars. — Blois.

Le duc d'Anjou presse du Croc de se rendre au plus tôt en Écosse.

[*Adresse au dos* :] A monsieur du Croq, chevalier de l'ordre du Roy, mon seigneur et frère, son conseiller et maistre d'hostel ordinaire et son ambassadeur en Escosse.

Monsieur du Croq, le Roy, mon seigneur et frère, vous faict si amplement entendre son intention sur l'advis que nous a donné la royne d'Angleterre que, pour n'user de redicte, je n'estendray davantaige ceste cy, si n'est pour vous dire que ce sera très bien faict à vous, si à la reception de ceste depesche n'estiez encores en Escosse, de vous y achemyner dilligemment, car vostre presence y servira beaucoup et y est bien necessaire pour les raisons declarées en la lettre du Roy, mond. seigneur, qui desire que bien souvent vous nous mandicz

[1] *Et affection*, mots ajoutés, après coup, à la première rédaction de la lettre.

de voz nouvelles, comme j'espère que ferez, priant Dieu, monsieur du Croq, vous avoir en sa s[te] garde. Escript à Bloys, le xxij[e] jour de mars 1572.

[*Signé* :] HENRY.

[*Et, plus bas* :] PINART.

(Dépêche originale, papier).

XXXIII

1572, 1er juin. — Étampes.

Instruction de Charles IX à du Croc sur la conduite à tenir au cours de la mission dont celui-ci est chargé auprès des seigneurs écossais

[*Adresse au dos* :] A Monsieur du Croq, chevalier de mon ordre, mon conseiller et maistre d'hostel ordinaire, et mon ambassadeur en Escosse.

Monsieur du Croq, à ce que j'ay veu, comme aussy ont la Royne, ma dame et mère, et mon frère le duc d'Anjou, par vostre depesche escripte à Barvik le xvj[me] du mois passé, vous vous estes à mon gré fort bien comporté tant envers les s[rs] de Housdon et mareschal dud. Barvik que à l'endroict du conte de Marq, ceulx du Petit Lict et les autres, que nous appellons du bon party en Escosse. Ayant grande esperance que les ungz et les autres Escossois, considerans que pendant que ces divisions seront entre eulx c'est toujours les ruynes et perdre davantaige, se condescendront à une suspension d'armes, laquelle il fault, comme je vous ay cy devant mandé, que vous taschiez, aultant qu'il vous sera possible, à fère ; car après ilz viendront plus aisement à une bonne paix entre eulx. Lesquelz je congnois veritablement estre de l'humeur que m'escripvez ; mais vous qui congnoissez comme il les fault manier et qui sçavez ma vraye et bonne intention qui est de fère tousjours pour eulx tout ce que je pourray, dont je ne doubte pas que ne les rendiez tous cappables et qu'avec cella vous ne les entreteniez si bien les ungz et les autres en ma bonne amityé, que je m'asseure qu'ilz feront ce que leur remonstrerez de ma part et se reconcilliront par vostre bon advis et unanimement continuront en mon endroict l'affection, amityé et bonne intelligence que mes predecesseurs et les Escossois ont toujours eue ensemble et ne chercheront autre ny plus certain apuy que de moy, qui, me remettant aux instructions que vous ay baillées et envoyées, vous diray seullement pour le regard de ce que aurez affère sur le cin[quies]me article de voz dernières instructions, que n'estant icy la Royne mad. dame et mère, mond. frère le duc d'Anjou, n'y pas ung de ceulx de mon conseil, au moings de ceulx à qui j'ay tousjours faict communicquer les choses qui concernent le faict de la royne d'Escosse, ma bonne seur, je remettray à vous en resouldre, et aussy sur ce que me mandez de la grande despence qu'il fauldroict que feissiez si vouliez invuiter les depputez de ma bonne seur et cousine, la royne d'Angleterre, à tenir table et fère une grande despence pendant qu'ilz ont esté et seront en ceste negociation; et vous manderay sur cella ce que vous aurez affaire de vostre part par ma première depesche, que je vous feray incontinant que je seray au chasteau de Boullongne, où ceulx de mon conseil et de mes finances me viendront trouver dans peu de jours, estant le lieu où je recevray l'admiral d'Angleterre et les autres s[rs] qui viennent devers moy de la part lad. Royne, leur souveraine, pour assister à la ratiffication que je feray de nostre dernier traicté, comme feront en Angleterre, de ma part, le duc de Montmorancy et le s[r] de Foix, lesquelz, pendant qu'ilz seront là, feront ce qu'ilz pourront (ainsy que je leur ay commandé) pour mad. bonne seur, la royne d'Escosse, et vous donneront advis et conseil, et led. de la Mothe avec eulx, de ce que vous aurez affaire de vostre costé selon les termes où vous verrez, après avoir negotié quelques jours, que vous pourrez venir pour appoincter lesd. Escossois, vous envoyant avec ceste cy l'extraict de ce qui faict mention en nostred. dernier traicté de l'Escosse, que j'estimois et pensois que led. s[r] de la Mothe vous eust faict tenir, car je luy envoyay, dès lors que vous escripviz, le double collationné de nostred. traicté; vous priant, au demourant, de me mander le plus souvant que vous pourrez, soit par la voye de Dieppe, du Havre ou dud. s[r] de la Mothe, de ce qui se fera en vostre charge avant que rien conclure et pareillement de toutes occurances dont pourrez avoir advis soit de Flandres, de Dannemarch et des autres païs circonvoisins. Mais fault fère vos depesches toutes du chiffre que je vous ay faict bailler et m'escripvez souvant par toutes les occasions et moyens que pourrez, lesquelz vous seront bien ayzez à trouver, saus se mettre en fraiz d'envoyer gens exprès, si ce n'estoit pour chose d'importance, car il arrive quazy tous les jours des vaisseaulx escossois à Dieppe ou au Havre, d'où l'on me fera incontinant tenir seurement voz lettres, ou bien icelluy s[r] de la Mothe, ainsy qu'aviserez pour le mieulx par les depesches qu'il me faict ordinairement. J'ay advisé de vous fère ceste depesche par ce porteur que je renvoye au s[r] de Verac et auquel je faiz responce, remettant tous les affaires dont il m'avoit escript par luy à ce qui s'en fera à vostre arrivée et pendant que serez en Escosse, priant Dieu, monsieur du Crocq, vous avoir en sa s[ainc]te et digne garde. Escript à Estampes, le premier jour de juing 1572.

[*Signé* :] CHARLES.

[*Et, plus bas* :] PINART.

(Dépêche originale, papier).

XXXIV

1572, 5 juillet. — Londres.

Lettre de La Mothe-Fénelon touchant la suspension d'armes à conclure pour deux mois.

[*Adresse au dos* :] A Monsieur, Monsieur du Croc, conseiller, Me d'hostel ordinaire du Roy et ambassadeur pour Sa Majesté en Escoce.

Monsieur, ung jour ou deux avant que Monsr de Lespinasse[1] soit arrivé icy, je vous avois faict une depesche et, après qu'il a esté passé, je vous en a faict une aultre, dedans laquelle segonde vous aurez trouvé une sienne lectre, avec celles que le Roy, Monsieur de Montmorency [2], Monsieur de Foix et moy vous escripvions, et ceste cy sera pour vous donner advis de la reception de la vostre dernière du xxvme du passé et pour vous fère tenir ung nouveau pacquet du Roy, et vous dire qu'après que Monsieur de Montmorency et Monsieur de Foix et moy avons heu retiré les actes du serement et ratiffication du traicté et que nous avons heu acheminé ung nouveau propos de Monseigneur le Duc au lieu du premier, qui n'a peu succeder, nous avons proposé aulcunes chosez pour la paciffication des Escouçoys et pour le bon traictement de la Royne d'Escoce, sur lesquelles il nous a esté respondu ce que verrez par ung memoire que je vous envoye, et j'ay faict extrère les deux premiers articles d'icelluy pour en envoyer deux coppies, l'une à vous, en angloys, signée de Milord de Burgley, et l'autre à Monsieur Drury, signée de moy, affin de vous en pouvoir toutz deux servir vers les deux partis qui sont en armes par dellà. Mesdictz srs de Montmorency et de Foix et toute leur troupe s'en sont retournés le xxviij, du passé, très contantz des honneurs, faveurs et bonnes chères et presans qu'ilz ont receus de ceste princesse; la troupe qui estoit en France ne revient pas moins contante. Dieu vueille que les aultrez bons effectz puissent succeder! Ceste princesse et Milord de Burgley se sont pleinctz à moy que le cappitaine Granges a dict que ceste confederation n'auroit point de durée et que le Roy luy avoit voulu bailler dix mille escus pour remettre le chasteau de Lillebourg entre ses meins, ce que j'ay soubstenu qu'il ne pouvoit avoyr dict une chose si faulce et que ses ennemys et les ennemys de la paix avoient inventé cella. Il m'en pourra mander quelque chose affin que j'en satisface ladicte dame. Ce que nous avons arresté icy dudict faict d'Escoce est si

[1] M. de Lespinasse était un gendre de Philibert du Croc. Cf. Sandret, *op. cit.*, page 27.

[2] Le duc de Montmorency avait été envoyé à Londres, avec Paul de Foix, pour traiter du mariage projeté entre Élisabeth et le duc d'Alençon. Cf. *Lettres de Catherine de Médicis*, tome IV, page 103, note.

cler que je n'ay que vous y fère nulle interpretation ny advertissement. Mais en ce que le Roy vous escript de Humes, trouvés moyen d'en entendre la volonté des deux partys et puis nous en advertissés s'il vous plaist, affin que nous y gouvernions sellon vostre bon advis. Monsieur de Montmorency a heu permission d'envoyer le s[r] d'Ardoy, son secrettère, devers la Royne d'Escoce; il y est encores et, après son retour, je vous pourray mander nouvelles de ladicte dame, Me David Chambres est icy, lequel vouldroit pouvoir servir en quelque chose à la paix de son pays. Je porte de l'ennuy beaucoup pour celluy que je voy bien que vous sentés; mais vous avez une très honnorable cause en mein, laquelle il fault en fin que succède, et ne pouvez faillir de vous monstrer collère et courroucé contre ceulx qui l'empeschent, porveu que ne vous portiés sinon neutre, comme avez sagement faict jusques icy. — Les troubles de Flandres s'allument de plus en plus; le duc de Medinaceli y est arrivé lequel a faict son desambarquement à Lescluse, avec perte de la plus part des siens et de ses navyres et des navyres portuguoys qui venoient soubz sa conserve. Il va d'icy ung bon secours à ceulx de Fleximgues, sans que ce soit neaulmoins de la part de la Royne d'Angleterre, et le Roy a faict aussy quelque deffance aux Françoys de n'y aller. Tant y a que beaucoup d'Huguenotz y ont coulé et y coulent tous les jours. La mort de la royne de Navarre n'a admené aulcune nouveauté. Son filz doibt arriver à ce commancement de juillet à la court et bien tost après les nopces se feront. Il a esté faict plusieurs festins aux Angloys à Paris, et entre aultrez Monsieur l'Admiral de Chatillion leur en a faict unz fort magnificque où l'on m'a dict que Monsieur de Guyse s'est trouvé. J'espère qu'en brief et vous et moy entendrons plus particullierement de toutes ces chosez par Mr de Lespinasse, lequel j'atandz d'heure en heure. Je me recommande tousjours fort humblement à vostre bonne grace et prie Dieu qu'il vous doinct, Monsieur, en très parfaicte santé très longue vye et tout le bien et parfaict contantement que vous desiré. De Londres, ce v[e] jour de juillet [1572. *La suite est autographe.*]

Vostre bien humble et très afectioné à vous fère service.

[*Signé* :] De La Mothe Fenelon.

Voycy Monsr de Lespinasse qui vient d'arriver. Après que nous aurons conferé ensemble et qu'il aura heu son passeport, il vous yra trouver.

(Dépêche originale, papier).

ANNEXE

The reporte of the lordes of the Queenes Majesties counsell, what Her Highnes was content to accorde upon certain thing that the Duke of Montmorancy and Monsr de Foix and Monsr de La Mothe Fenelon have propounded unto them, by the mouth of the said Monsr de Foix, the xxviij[th] of June 1572.

The Queenes Majestie think ith good, that it be wrytten into Scotland how she hathe agreed with the Duke of Montmorancy, with Mons[r] de Foix and Mons[r] de La Mothe Fenelon, ambassadors unto Her Majestie from the French King, her good brother, that the marshall of Barwyk and Mons[r] du Crocq shall joyntly signyfye unto the lords on both partes that be in armes in Scotland, that the meaning and desyre of both Their Majesties is that they wold make a surceance of armes for twoo monithes, to the end that a good and generall peace may be treated and devysed betwene them; and yf there shall therupon occurre any difficulties for the conditions of the sayd surceance, that then the said parties wold referre them selves to the Marshall and du Crocq, who, in the names of the Queenes Majestie and of the French King, as persons indifferent and who desyre their common quyetnes, may agree them.

And after the surceance made, that the said Marshall and du Crocq shall cruestly exhorte them to fall to sow agreement of peace which may be don among themselves or by the advise of the nobilitis and states of that realm, or els they shall referre them selves to the arbitrament of the Queenes Majestie and the French King, who shall give order to bring them to a contentation and to procure them all quietnes and suertie. And yf no accord may be had by their own meanes amongest them selves, yt shall be required that they will be contente to send som persons indifferently chosen by bothe parties to treate of their differences with such as shall be authorised by the consent of the Queenes Majestie and the French King.

[*Signé* :] BURGHLEY.

(Texte du temps, avec signature autographe).

XXXV

1572, 13 juillet. — Paris.

Lettre de Catherine de Médicis à du Croc, portant instructions en vue de la paix générale à négocier pendant la suspension d'armes qui va être décidée.

[*Adresse au dos* :] A monsieur du Croq, maistre d'hostel ordinaire du Roy, monsieur mon filz, et son ambassadeur en Escosse.

Monsieur du Croq, vous verrez par la lettre que le Roy, monsieur mon filz, vous escript ce qui a esté advisé dernierement en Angleterre, au voiaige que y ont faict messieurs de Montmorency et de Foiz, estimant que de ceste heure le gentilhomme qui devoit estre envoyé en Escosse suivant ceste resolution y sera arrivé et que bien tost après la suspension d'armes y sera establye pour deux moys, pendant lesquelz j'espère aussy que vous moyennerez une reconcilliation et paix entre les divisez dud. pays, à quoy je m'asseure bien que vous employerez tous voz moyens et que, quoy qu'il s'y face, vous donnerez bien ordre qu'il ne se fera chose qui diminue riens ès alliances et traictez que de tout temps nous avons avecq lesd. Escossoys et que vous asseurerez bien tousjours ceulx du bon party que nous ne les abandonnerons aucunemant, mais les assisterons aultant qu'il nous sera possible et ferons tousjours pour ma fille, la royne d'Escosse, tout ce qui se pourra; priant Dieu, monsieur du Croq, qu'il vous ayt en sa s[ainc]te et digne garde. Escript à Paris, le xiij[e] jour de juillet 1572.

[*Signé* :] CATHERINE.

[*Et, plus bas* :] PINART.

(Dépêche originale, papier).

XXXVI

1572, 30 juillet. — Édimbourg.

Convention d'une suspension d'armes pour deux mois, en Écosse.

Nous soubz signez, ambassadeurs du Roy très chrestien et de la Serenissime Royne d'Angleterre ayans, suivant le commandement à nous donné par Leurs Majestez, faict remonstrances aux seigneurs de ce royaulme y estans en armes ès villes de Lislebourg et Petict Licth du malheur que la continuation de la guerre leur apporteroict et du desir que Leurs Majestez avoient de les veoir en repos et reconcilliez l'ung avec l'autre, et exorté iceulxd. seigneurs au nom de Leursd. Majestez de venir à une abstinence et suspension d'armes pour facilliter les moiens de la paix, iceulxd. seigneurs, pour satisfère à l'intencion d'icelles Leursd. Majestez, se sont accordez d'une abstinence de deux mois, soubz certaines conditions, qu'ilz ont couchées par ung escript, signées de leurs mains aujourd'huy et se sont entre autres choses soubzmis qui, où par l'assemblée qui ce fera de la noblesse et estatz du païs ilz ne puissent accordder des conditions de la paix, ilz les recepveront telles qu'il plaira à Leursd. Majestez trouver bonnes; et ont aussy accorddé que, où il naitroict quelque difficulté ou interpretation sur lesdictes conditions signées d'eulx, qu'ilz s'en soubzmectront à l'arbitrement de Leursd. Majestez. Sur quoy les seigneurs qui sont maintenant à Lislebourg, lesquels se sont dessaisiz de ladicte ville, sur l'asseurance qu'ilz ont (veu le zaille que Leurs Majestez ont à ce royaulme et que la paix est entre leurs mains, puis que l'ung et l'autre party se sont soubzmis à icelles) qu'il ne peult estre qu'elle n'en ensuyve au bien et repoz de ce royaulme, nous ont requis une promesse signée de noz mains que icelles Leursdictes Majestez se montront indignez à l'encontre des infracteurs de ladicte abstinence ou de ceulx qui soubz quelque coulleur ou pretexte ne vouldroient accepter les conditions qu'icelles Leursdictes Majestez trouveront les meilleures pour le repoz de ce royaulme. Ce que nous leur avons accorddé et accorddons par ceste dicte presente, leur promectant, suyvant le pouvoir à nous donné par les instructions d'icelles Leursdictes Majestez, que elles se monstront non seullement indignez, mais ennemys, de ceulx qui seront perturbateurs, infracteurs et viollateurs de ladicte paix ou abstinence et protecteur de ceulx qui se sont soubzmis et tiendront toutes conditions raisonnables. En tesmoing de quoy nous avons signé la presente de noz mains, à Edimbourg, le penultiesme jour de juillet 1572.

[*Signé* :] Du Croc.

(Texte du temps, avec signature autographe).

XXXVII

1572, 26 août. — Paris.

Le roi Charles IX donne mandat à du Croc de tendre tous ses efforts pour prolonger de deux mois la trève déjà convenue, en vue de parvenir à une pacification générale de l'Écosse ; en cas d'événement fortuit, du Croc reçoit plein pouvoir d'agir au mieux.

Charles, par la grace de Dieu roy de France, à nostre amé et feal chevalier de nostre ordre, conseiller et maistre ordinaire de nostre hostel et nostre ambassadeur en Escosse, le s[r] du Croc, salut. Comme nous ayons entendu que suivant l'instance que vous, de nostre part, et le s[r] de Drurie, de celle de la Royne d'Angleterre, nostre très chère et très amée bonne seur et cousine, avez faict envers les seigneurs et ceulx de la noblesse et estatz du royaume et pays d'Escosse, il ayt esté faict et accordé une cessation et abstinence d'armes pour deux moys entre les ungs et les autres subjectz dudict royaume, pour essayer de les amener à une bonne paciffication de leurs differends, comme nous et nostredicte bonne seur et cousine, la Royne d'Angleterre, le desirons et procurons d'une commune bonne volunté et affection que nous portons audict royaume d'Escosse, considerans que ledict temps et terme de deux moys est jà bien advancé et qu'en si peu qui reste à en expirer, les moyens de parvenir à la conclusion de ladicte paix ne se pourroient trouver ; sçavoir faisons que nous, desirans aultant qu'il nous est possible l'effect d'un œuvre si sainct et salutaire pour les ungs et les aultres subjectz dudict royaume d'Escosse, nous vous avons commis, ordonné et depputé, commettons, ordonnons et depputons par ces presentes pour de nostre part, ainsi que ledict s[r] de Drurie de la part de nostredicte bonne seur et cousine la Royne d'Angleterre, procurer, intercedder et conclure une bonne, semare et perdurable paix, accord, unyon et reconciliation d'entre les estatz et sujectz divisez dudict royaume d'Escosse, et pour ce fère leur proposer et mettre en avant les meilleurs et plus utilles moyens et expediens qu'il vous sera possible et estimerez propres pour cest effect, suivant les memoires et instructions qui vous ont esté cy devant baillées, et affin que l'on puisse avec le temps plus [*lacune du parchemin*] à ceste saincte intention demander et faire vous et ledict s[r] de Drurie commune instance envers les ungs et les aultres subjectz divisez dudict royaume d'Escosse, pour prolonger et continuer pour deux moys ladicte cessation et abstinence d'armes accordée entre eulx, à commencer du jour de l'expiration d'icelle, et generallement faire en cest endroict de nostre part ce que vous verrez estre bon et requis pour le bien commun des subjectz dudict royaume d'Escosse, comme nous mesmes ferions et faire vouldrions, si presens en personne y estions, jaçoit qu'il y eust chose qui requist mandement plus especial. De ce faire vous avons donné et donnons plain povoir, puissance, auctorité, commission et mandement especial, promectant, en bonne foy et parolle de roy, avoir agreable, tenir ferme et stable à tousjours ce que par vous sera faict, procuré, moyenné et interceddé en cest endroict. Donné à Paris, le xxvime jour d'aoust, l'an de grace mil cinq cens soixante douze, et de nostre règne le douziesme.

[*Signé :*] CHARLES.

[*Et, plus bas ;*] Par le roy,
PINART.

(Original, parchemin, jadis scellé sur simple queue).

[*Au dos, de la main de du Croc :*] Lettre de commission, pourtant adveu de la suspession (*sic*) d'armes que je, Philibert du Croc, a (*sic*) fait en Escosse, au nom de Leurs Majestez.

XXXVIII

1576, 19 septembre. — Le Plessis-lez-Tours.

Lettre de François, duc d'Alençon, à du Croc, touchant l'élection des députés aux États Généraux de Blois.

[*Adresse au dos :*] A Monsr *du Croc* [1].

Monsr *du Croc*. Le Roy, mon seigneur et frère, aiant faict publier la convocation des estatz generaulx au xve du mois de novembre

[1] Les mots et chiffres imprimés en italique dans le texte sont d'une autre main et d'une autre encre que le reste du document. Nous sommes donc en présence d'une circulaire

prochain, j'ay bien voulu aussi de ma part favoriser une si digne et necessaire assemblée : l'aiant procurée envers Sa Majesté comme j'ay faict, je desire aussi qu'elle puisse reuscir à ung heureux succez, au bien et soulagement de ce royaume et à ma reputation puisque j'en ay esté autheur et promoteur, qui faict que j'ay pensé emploier mes plus affectionnez amis et serviteurs en chascune province, du nombre desquelz je vous estime, pour vous convier d'asister en ladicte assemblée particulière qui se fera en vostre province, affin que aiez l'œil à ce que en ladicte convocation soient choisis personnages dignes, amateurs du bien de ce royaume, et que toutes choses se y facent sans passion, m'asseurant aussi que vous n'oublirez à avoir esgard à ce qui sera de mon honneur et reputation, comme vous dira plus particulierement le s[r] *de Palerne* qui vous rendra la presente. Priant Dieu, mons[r] *du Croc*, vous tenir en sa saincte et digne garde. Escript au Plessis lez Tours, le *XIX*[e] jour de *septembre* 1576.

Vostre amy,

[*Signé* :] FRANÇOYS.

Circulaire originale, papier.

XXXIX

1578, 4 juin. — Écouen.

Lettres du roi Henri III concédant à du Croc, en récompense des services par lui rendus, une pension de 600 livres tournois assignée sur la recette générale de Riom.

Henry, par la grace de Dieu roy de France et de Polongne, à noz amez et feaulx, les gens de noz comptes à Paris, tresoriers et generaulx de France et de noz finances establis à Ryon, salut et dilection. Savoir vous faisons que nous, desirans singulierement recongnoistre envers le s[r] du Crocq, l'un de noz maistres d'hostel ordinaire, les bons, grandz, dignes et recommandables services par luy faictz à noz predecesseurs et nous en plusieurs et maintes charges et legations où il a dès ses jeunes ans esté employé, tant en ce royaulme que hors icelluy, où il s'est très dignement et fidellement acquicté, et aussy pour aucunement le recompenser d'une pension de deux mil livres que le feu roy Charles, nostre très cher seigneur et frère que Dieu absolve, luy auroit, dès le xx[e] may mil v[c] soixante treize, accordée pour l'un de ses enffans, sur les revenuz et fruictz temporelz de la première abbaye, dignité ou autre beneffice qui viendroict à vacquer, et ce pour considerations d'un veoiage que ledict s[r] du Crocq fut contrainct dès lors fère au royaulme d'Escosse par commandement exprès de nostredict feu seigneur et frère, pour affaires concernant grandement son service, où

---

où avait été laissée en blanc la place destinée aux noms du destinataire et de l'homme de confiance accrédité près de lui, ainsi que la date.

il auroit faict un long sejour, à l'ocasion duquel veoiage icelluy du Crocq fuct contrainct quicter les estatz et charges qu'il avoit, de premier eschançon de nostre très chère et très amée soeur la royne d'Escosse, et encores de gouverneur et maistre de la garderobe de nostre très cher et bien amé cousin le marquis d'Alboeuf, laquelle pension n'auroit neantmoings depuys esté effectuée, comme de tout ce que dessus nous sommes très bien recordz et memoratifz ; ne voulans, pour les considerations susdictes, que lesdictz services luy soient et demeurent innutilz, mais bien qu'il se rescente aulcunement du fruict et laboeur d'iceulx, pour luy donner tant plus moyen, et à sesdictz enfanz, de s'y entretenir et continuer de bien en mieulx, à icelluy s[r] du Crocq pour ces causes et autres à ce nous mouvans, et suivant la requeste qui en sa faveur et pour lesdictes considerations nous a esté faicte par la Royne, nostre très honnorée dame et mère, luy avons assigné, donné et octroyé, assignons, donnons et octroyons par ces presentes, signée (*sic*) de nostre main, la somme de six cens livres tournois de pencion par chascun an, sa vye durant seullement, sur la recette generalle de noz finances audict Ryon et vous mandons et enjoignons très expressement à vous, tresoriers generaulx, que dressant par vous cy après les estatz de ladicte recepte vous ayez à y employer par chascun an ladicte partye de vj[c] lt. soubz le nom dudict du Crocq et l'en faictes payer et acquicter par le recepveur general d'icelle, lequel, en rapportant ces presentes ou vidimus d'icelle deuement collationné pour une foys seullement, avec quictence par chascun an dudict du Crocq du payement de ladicte somme, nous voulons et entendons icelle estre passée et allouée en ses comptes et rabatue de sa recepte par vous, gens de nosdictz comptes, vous mandant ainsy le fère sans aulcune difficulté, car tel est nostre plaisir, nonobstant que telz dons, pensions et bienfaictz ne deussent estre payez et acquictez que par le tresorier de nostre espargne et non autre, les ordonnances tant anciennes que modernes faictes sur l'ordre et distribution de noz finances et autres faisans..... [1], à toutes lesquelles, pour ce regard et sans y prejudicier en autres choses, nous avons desrogé et desrogeons et autres desrogatoires des [desrogatoires y contenues] par ces presentes. Donné à Escouen, le iiij[e] jour de juing, l'an de grace mil cinq cens soixante dix huict et de nostre règne le cinqiesme.

[*Signé* :] HENRY.

[*Et, plus bas* :] Par le Roy,

DE NEUFVILLE.

(Original, parchemin, jadis scellé sur simple queue).

Pièce jointe : Lettres d'entérinement par la Chambre des Comptes, du 14 juillet 1578, avec la restriction que la pension sera payée sur l'Épargne.

[1] Deux mots illisibles par suite de l'usure du parchemin dans un repli.

XL

1578, 17 juillet. — Paris.

Confirmation par Henri III des lettres du 4 juin précédent, avec injonction d'affecter la pension de Philibert du Croc sur la recette de Riom, à l'exclusion de toute autre.

Henri, par la grâce de Dieu roy de France et de Pologne, à noz amez et feaulx les gens de noz comptes à Paris, salut. Nostre cher et bien amé le sieur du Crocq, l'un de noz maistres d'hostel ordinaire, nous a fait dire et remonstrer en nostre conseil privé que par noz lettres patentes à vous adressantes, du quatriesme du mois de juing mil cinq cens soixante dix huict dernier passé et en consideration des bons, dignes et recommandables services... [*La suite comme ci-dessus, lettres patentes du 4 juin 1578*]... sur la recepte generalle de noz finances à Riom, le tout ainsy que plus à plain est contenu et declaré esdictes lettres de don et pension, lesquelles au lieu de les verifier selon leur forme et teneur, auriez par vostre arrest du quatorzeiesme jour du present mois de juillet enteriné lesdictes lettres pour jouyr du contenu en icelles sur l'Espargne, qui est en ce faisant contrevenir à noz voulloir et intention portant expressement qu'il soit payé par les mains du receveur general de noz finances audict Riom, nous requerant luy vouloir sur ce pourveoir. A ces causes, après avoir fait veoir en nostredict conseil l'arrest par vous donné sur la verification et enterinement de nosdictes lettres du iiij^e jour de juing dernier, vous mandons, commandons et très expressement enjoignons par ces presentes pour ce signées de nostre main que prendrez pour première, seconde et toute autre jussion que pouvez attendre de nous soit de bouche ou par escript, vous ayez à procedder à la verification et enterinement de nosdictes lettres de don et pencion purement, simplement, sans aucune restrinction ne modification, d'autant que d'icelle somme de six cens livres de don et pension nous en avons audict s^r du Crocq, en tant que besoing est ou seroit, de rechef faict et faisons don par cesdictes presentes, à icelle prendre et recevoir par les mains de nostredict receveur general des finances audict Riom et non d'autre, et ce nonobstant vostredict arrest auquel pour lesdictes causes et considerations nous avons desrogé et desrogeons et à quelzconques editz et ordonnances à ce contraires et aux derogatoires des derogatoires y contenues par cesdictes presentes, enjoignant à nostre procureur general y tenir la main et le requerir ainsy pour nous. Car tel est nostre plaisir. Donné à Paris, le xvij^e jour de juilet, l'an de grace mil cinq cens soixante dix huict, et de nostre règne le cinqiesme.

Par le Roy,

[*Signé* :] DE NEUFVILLE.

(Original, parchemin, jadis scellé sur simple queue).

Pièces jointes : Arrêts d'entérinement, par la Chambre des Comptes de Paris (23 juillet 1578) et par les Trésoriers généraux de France en la charge de Langue d'Oïl établie à Riom (14 août 1578).

XLI

1583, 16 avril. — Fontenille[1].

Du Croc rend compte d'une mission dont l'a chargé M. de Saint-Hérem [2].

[*Au dos* :] Coppie de lettre de Monsieur du Croc, escripte à Monsieur de Sainct Eran.

COPPIE DE LETTRE

Monsieur, despuys ma dernière lettre, que je vous [ay] escripte faizant mention d'avoir assemblé de la Chassaignie, de Neufville et de Clairefont et vous avoir faict entendre comme ilz trouvoient estrange qu'on leur parlast de signer une choze à quoy ilz n'avoient que faire et aussy qu'il leur couroit quelque bruict que les trois gentilzhommes qu'avoient adcisté Monsieur de Fontenilhes ne voulloient point signer, choze don Monsieur de Clermont m'a esclercy et donné asseurance que lesdictz trois gentilzhommes estoient pretz à signer pourveu que ceulx qu'avoient adcisté Monsieur de Ravel en fissent le semblable, jeudy dernier nous fusmes tous encore assemblés à Ravel [3] et filz *(sic)* paroistre par escript ladicte asseurance que Monsieur de Clermont m'avoit donnée. Monsieur de Ravel dict que c'estoit choze qu'il pouvoit faire de signer et qu'il ne leur en demanderoit jammaiz rien. Rezolluemant lesdictz trois gentilzhommes dirent qu'ilz estoient conseilhez par leurs amis de ne signer point, si vous et Monsieur le Marquis ne leur escripvés, leur donnant advis que c'est choze qu'ilz pouvoient fère ; et deventaige demandoient que Messieurs de Randan [4] et de Ravel leur

[1] Puy-de-Dôme, commune de Saint-Jean-en-Val, canton de Sauxillanges, arrondissement d'Issoire.

[2] Il s'agit ici de Gaspard II de Montmorin, neveu de Gaspard Ier, ancien lieutenant général au gouvernement d'Auvergne. Voir : Teilhard de Chardin (E.), *op. cit.*, page 220.

[3] Puy-de-Dôme, arrondissement de Clermont-Ferrand, canton de Vertaizon.

[4] Jean-Louis de La Rochefoucauld, comte de Randan, gouverneur d'Auvergne.

donnassent ung adveu, signé de leur main. Comme je crois ceste affère eslongnié, je leur ay uzé de touttes les remonstrances qu'il me fust possible pour les persuader de signer. Survint le s[r] des Bravars, qui dict que Monsieur de Randan l'avoit envoyé là pour leur fère declaration qu'il n'empeschoit point qu'ilz ne signassent et c'estoit choze qu'ilz pouvoient fère, asseurant de ne leur en demander jammaiz rien. Ilz dizent qu'ilz ne veullent point avoir affère à des grandz seigneurs pour leur soubztenir ce qu'ilz auroient signé, au cas qu'ilz s'en trouvassent empeschés. Par là vous pouvés juger que la faulte ne vient point de Messieurs de Randan ny de Ravel; et aussy l'on ne peult blasmer lesdictz trois gentilzhommes, puys qu'ilz sont conseilhés de leurs amys de ne signer point. Vous sçavés, Monsieur, que pour le reguart de Monsieur de Ravel que Monsieur le Marquis de Canylhat [1] vous rezolust à Auzon [2], que j'estoys present, que mondict sieur de Ravel ne signeroit point, et lequel ne donnoit moingz d'asseurance de Monsieur de Randan; et par là ilz ne peuvent estre accuzés qu'ilz n'ayent voullu suyvre l'advis et conseilh que vous et Monsieur le Marquis de Canylhat leur avés donné. Par quoy il me semble que tous deulx ne vous debvés annuyer de continuer une si bonne heuvre. Le mal que je y [veois] c'est que Monsieur le Marquis n'est point en ce [païs], auquel le s[r] des Bravars me prya luy fère ung semblable discours, affin qu'il n'ayt occazion se doulloir de mondict sieur de Randan. Je n'ey auzé y fallir, m'estant meslé de cest affère, comme j'ey faict. Monsieur, je vous supplye très humblemant de croyre que je n'ey perdu une seulle heure de temps et qu'il n'a tenu à moy que le faict n'ayt succedé ainsin que vous et Monsieur le Marquis l'avés deziré, duquel je ne desespère point, pourveu que tous deulx vous puyssiés mectre ensemble. [Je] vous supplye très humblemant me tenir pour ma vye pour vostre affectionné serviteur, vous baizant très humblemant les mains, et prie Dieu, Monsieur, vous maintenir en bonne et perfaicte santé, vous donner très heureuze et longue vye. De Fontenilhes, ce xvj[e] aprilh 1583.

Vostre très humble et obeyssant serviteur.

[*Signé* :] Du Croc.

(Minute originale, papier).

[1] Jean de Beaufort, marquis de Canillac, gouverneur de la Haute-Auvergne.

[2] Auzon, Haute-Loire, arrondissement de Brioude, chef-lieu de canton.

XLII

1585, 30 avril. — Paris.

Missive d'Henri III à du Croc, accréditant auprès de lui M. de Sarlan [1] *et faisant appel à sa fidélité, lors des troubles de la Ligue.*

[*Adresse au dos :*] A monsieur du Croc.

Monsieur du Croc, comme j'ay toujours eu une parfaicte asseurance de vostre affection et loyaulté à mon service, j'ay pensé que vous respondriez par voz actions à la bonne opinion que j'avois de vous, et se presentant maintenant occasion de me le fère paroistre, sur les nouveaux troubles qui sont en mon roy[aul]me, je vous prie demourer constant en la fidelité que vous avez tousjours portée au bien de ceste couronne et empescher aultant qu'il vous sera possible qu'il ne s'entreprenne rien en voz quartiers au prejudice de mond. service, vous asseurant que je le recognoistray en vostre endroict, ainsy que vous dira plus amplement de ma part le s^r de Sarlan, premier maistre d'hostel de la royne, ma dame et mère. Priant Dieu, monsieur du Croc, qu'il vous ayt en sa s[ainc]te garde. De Paris, le der[nier] jour d'apvril 1585.

[*Signé :*] Henry.

[*Et, plus bas :*] de Neufville.

XLIII

S. l. n. d.

Lettre chiffrée de Charles IX.

[*Adresse au dos :*] A mons^r du Croq, mon conseiller et m^e d'hostel ordinaire et mon ambassadeur en Escosse.

[Lettre entièrement chiffrée, avec signature autographe de Charles IX, suivie d'une addition, elle aussi entièrement en chiffres et signée de même. Voir ci-contre la reproduction de cette pièce.]

[*Signé :*] Charles.

[*Et, plus bas :*] Pinart.

---

[1] Antoine de Sarlan (ou Serlan), maître d'hôtel de Catherine de Médicis et correspondant de Marguerite de Valois. Voir : *Lettres de Catherine de Médicis*, tomes VIII, IX et X, *passim*, et particulièrement tome X, page 413, note. — On trouve un hameau de Sarlant dans le Puy-de-Dôme, commune d'Yronde, canton de Vic-le-Comte, arrondissement de Clermont.

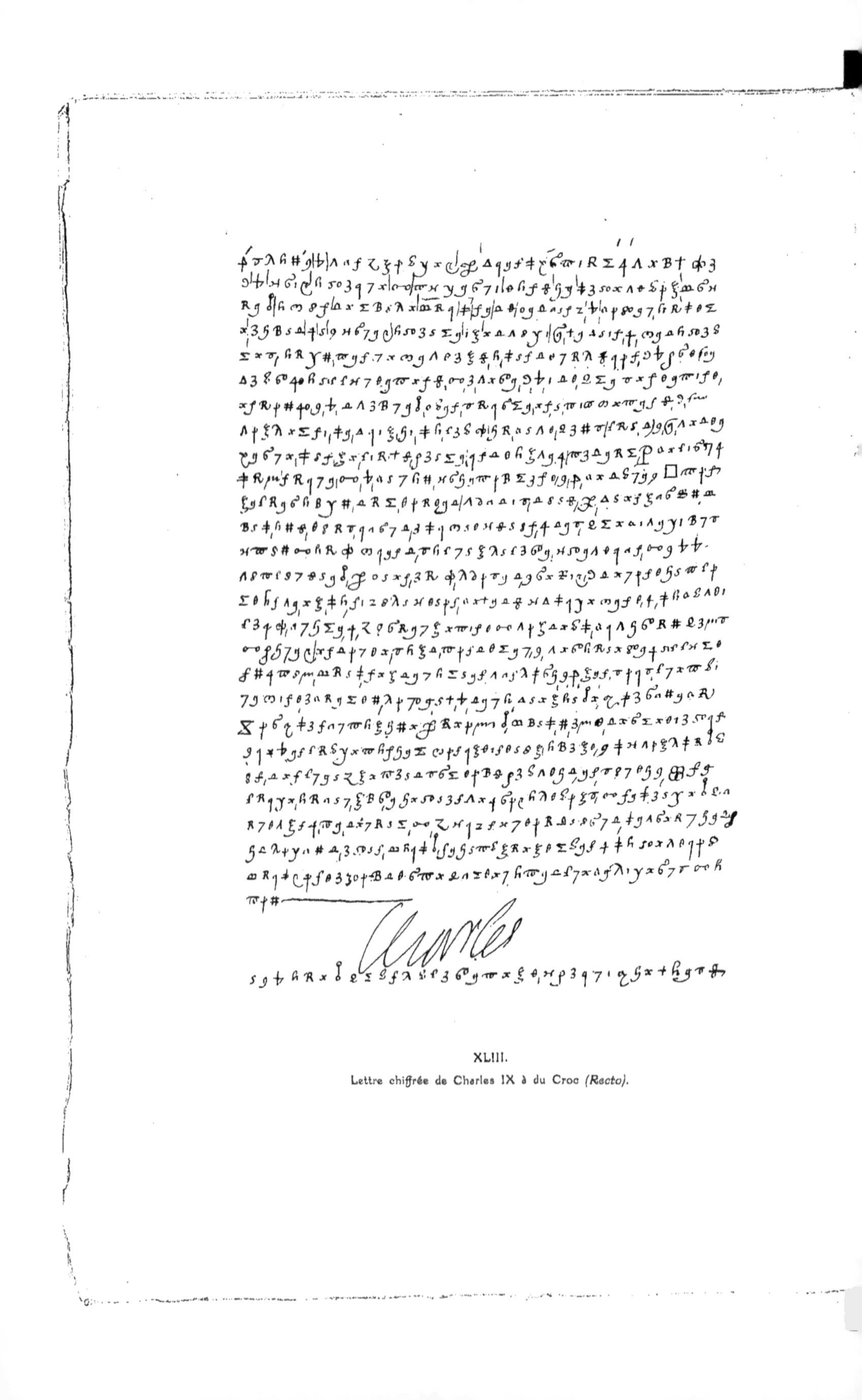

Charles

XLIII.

Lettre chiffrée de Charles IX à du Croc *(Recto)*.

XLIII.

Lettre chiffrée de Charles IX à du Croc *(Verso)*.

ANNEXES

I

PREUVES DE MALTE DE GUILLAUME DU CROC

1

1561, 1er juin. — Montferrand.

Pouvoir à Guillaume du Croc de faire établir ses preuves de noblesse, en vue d'être reçu dans l'ordre de Saint-Jean-de-Jérusalem.

Nous, frère Loys de Lastic, humble prieur d'Aulvergne de l'ordre Sainct Jehan de Jherusalem, president au present chappitre en compaignye de noz chiers et bien amez frères congregez et tenans ledict chappitre, à nos chers et bien amez frères, frère Anthoine de Bressolles, commandeur de Montferrand, frère Jehan Levesque, commandeur de la Racherye, frère François du Pouget, commandeur de Tortebesse [1], frère Charles de Chaluz, commandeur de Fenyers, et frère Claude Charpin, commandeur de Culhac [2], et à deux de vous sur ce premier requis, salut et dilection. Guillaume du Croc, du diocèse de Clermont, s'est aujourd'huy presenté en nostre chappitre provincial du prieuré d'Aulvergne, lequel nous a faict dire et expouser qu'il a bonne devoction de entrer en nostre relligion pour y estre receu en estat de frère chivalier, au service de Dieu, excercisse des armes et tuytion de la saincte foy catholicque, s'il nous plaict pour ce faire luy octroyer noz lectres de conmission, humblement requerant icelles. Parquoy nous, inclinans à la bonne et devocte intention et requeste dudict Guillaume du Croc et par advis et deliberation des conmandeurs, chivaliers et frères estans en nostredict chappitre, vous avons commis et connectons pour informer bien et deuement par tesmoingtz, gens de bien et

[1] Puy-de-Dôme, arrondissement de Clermont, canton d'Herment.
[2] Culhat, Puy-de-Dôme, arrondissement de Thiers, canton de Lezoux.

de bonne renommée abstrainctz par serment solempnel, si ledict Guillaume du Croc est legitime, né en loyal mariage, en et au dedans de la province de nostredict prieuré d'Aulvergne, yssu de gens de bien et de bonne reputation, vivans noblement, tant de faict que armes, ainsi tenuz et reputez sans y avoir derrogué, tant du cousté paternel que maternel, ses ayeul et ayeulle, et si avant que la memoire des anciens en peult estre, s'il est d'aage et disposition suffisante pour l'excercisse des armes, non aiant faict promesse de mariage ou veulh en aultre relligion, lyé, obligé ou redevable en aucune somme de deniers et consequenment s'il est tel que pour frère chivalier de nostre relligion la reigle et establissementz d'icelle le veullent et conmandent; et l'information, ensemble tout ce que trouvé en aurez, faictes mectre et rediger en escript par ung ou deux notaires, pour le rapporter ou envoyer feablement cloz soubz voz sceaux et seings en nostredict prochain chappitre, à la part où il se cellebrera, pour la envoyer à monseigneur Reverendissime et à la venerable langue d'Aulvergne pour recepvoir ledict Guillaume du Croc oudict estat de frère chivalier et luy bailler l'habit de nostre religion, s'il est par vostre rapport trouvé de cappacité suffisant, faisant par vous à l'exeqution des presentes tel debvoir avec effect que voz dilligences et exeqution meritent estre louées. Faict et donné soubz le seel dudict chappitre tenu et cellebré à Montferrand, dans la conmanderye dudict lieu, le premier jour du mois de juing, l'an mil cinq cens soixante ung.

[*Signé* :] CELLARIER, secretère du chappitre.

Lesdictz de Bressolles, Levesque, Charpin et du Pouget, conmissères susdictz, ont faict le serement en plain chappitre de bien et deuement vacquer au faict desdictes preuves, selon la forme de noz establissemens. Faitct et donné comme dessus.

[*Signé* :] CELLARIER.

(Original, parchemin, jadis scellé sur double queue).

II

1562, 27 avril. — Thiers.

Commission donnée à Me Bonnet Garnier, notaire royal à Thiers, pour recevoir les preuves de noblesse de Guillaume du Croc.

Par devant noz frères Anthoine de Bresolles et Claude Charpin, s'est présenté Guillaume du Cros, en la ville de Thiert, au logis où pand, par [1] enseigne le chappeau roge, et noz a presenté une comission par luy obtenue du chappitre provincial d'Auvergne, ensuyvant ladicte comission, noz a requis de vacquer au faict des prouves de sa noblesse; et, après avoir rolé la comission avec tous devoirs et reverance, avons appelé avec noz Mᵉ Bonnet Garnier, notaire royal en la ville et mandement de Thiert, auquel nous avons donné serment aux sainctz euvangilles Nostre Seigneur, la main touchée, de bien et deuhement vacquer au faict de ladicte comission, ce qu'il a promis et juré fère, en presence de moy, Estienne Veilh, notaire royal audict Thiert, qui ayt certiffié ce que dessus contient verité. Faict le vingt sept^{me} apvrilh mil v^{c} soixante deux.

[*Signé :*] VEILH.

(Expédition originale, papier).

III

1562, 27 avril. — Thiers.

Procès-verbal de dépositions de témoins.

Guilhaume de Tournabize [2], escuyer, seigneur dudit lieu et de la Verchière et las Ramas, eaigé de soixante ans ou envyron, dict et deppoze par son serement faict aux sainctz esvangilles avoir bonne souvenance de cinquante deux ans et bien cognoistre Guilhaume du Croc, filz à noble et puyssant seigneur, messire Philiber du Croc, chivalier, gentilhome suyvant le Roy, premier eschançon de la Royne d'Escosse, et de dame Regnée de Maulvoisin, sa consorte, que ledict depposant dict aussi bien cognoistre, comme ses prochains voysins, et que ledict Philibert du Croc, chivalier, a trente cinq ans passés suyvy la armée ou service des Roys jusques à presant en tous voyaiges et en bon et honnorable esquipaige. Et dict que ledict Guilhaume du Croc filz est eaigé de presant d'entour seze à dix sept ans, ce qu'il dict bien sçavoir pour avoir appourté ledict Guilhaume aux fontaines du sainct sacrement de baptesme, et dict avoir contignué la maison du Croc puys ledict temps et a tousjours veu ledict Guilhaume vivre en bonnes meurs et si dict sçavoir que ledict Guilhaume n'a faict promesse de mariage ne faict debtes et qu'il est saing et entier en mambres de sa personne, si comme ledict depposant dict avoir veu et que là et quant le contraire fust intervenu, il en eust esté adverty et en heust peu sçavoir la verité. Dict oultre ledict depposant que ledict Guilhaume

[1] *Par*, au lieu de *pour*, se rencontrera à plusieurs reprises dans les documents suivants. Voir aussi *supra*, page 24, note 3 : « ... Jehan Bezot, recepveur par led. seigneur... »

[2] Tournebise, hameau de la commune d'Aubusson, canton de Courpière, arrondissement de Thiers, département du Puy-de-Dôme.

du Croc est né au lieu et chasteau du Croc, illec baptizé, lequel lieu est sictué dans la perroisse de Thier, diocèze de Clermont, et dans les lymites et prieuré d'Auvergne. Deppose devantaige ledict depposant avoir cogneu feu puyssant seigneur messire Gilbert du Crocq, en son vivant chivalier, seigneur dudict lieu, père audict Philibert et ayeul audict Guilhaume, lieutenant par le Roy au royaulme de Napples et sur la mer, où il morust. Aussi a veu feue dame Phelippe de Salliens, jadiz consorte audict Gilbert du Croc, duquel mariage est dessendu legytimement ledict Philibert du Croc, père audict Guillaume. Pareilhement a ouy dire et tenir par noctoire que ledict feu Gilbert du Croc estoit dessendu en loyal mariage de feu noble Martin du Croc, dict Bedot, seigneur dudict lieu, et de damoizelle Marguerite de Chandorat, pas ne les a cogneuz. Bien deppose et afferme que tous les dessus nommés, desquieulz il a heu cognoissance, ont vescu noblement, contignuant le service des Roys lors vivantz, ès ordonnances tant que l'eaige l'a porté, et, après, ès arrière bains, se comportant honnorablement et vertueusement ; et le semblable a ouy tenir de leurs predecesseurs si vertueusement qu'il estoit ung grand et honnorable bruict et *regnon* [1] au peys d'Auvergne. Deppose aussi avoir cogneu dame Leone de Chier [2], mère de ladicte de Sailhans, que l'on disoit estre consorte à puissant seigneur messire Louis de Sailhens, chivalier, tenus et noctoirement repputtés père et mère de ladicte dame Phelippe de Sailhans, ladicte de Sailhans mère dudict Philibert du Croc, et que ledict de Sailhans estoit homme d'une grand extime et repputation, vailhant au faict de la guerre, ayant grandz estatz des Roys pour ses vertus, bienfaictz et demerites. Aussi deppoze avoir ouy tenir par noctoire que ledict messire Martin Bedoc du Croc avoict ung autre frère, nommé Geoffroy du Crocq, qui fust chivalier de Sainct Jehan de Jerusallen, commandeur de Charreyre, et si a veu ung escript signé dudict Geoffroy du Croc, se disant comandeur dudict Charrières, dacté du vingt uniesme jour de may mil cinq centz et quatre, soubzsigné par Garendeau, par lequel il donnoit pouvoir à Henry du Croc, son nepveu, pourveoir ad ce qu'estoit porté par ledict escript. Aussi deppoze cognoistre ladicte Regnée de Malvoisin, consorte audict Philibert du Croc, père et mère dudict Guilhaume, laquelle mère est provenue de la maison de Malvoisin, tenue et repputtée une maison fort noble, grande et antiène, gens d'ordonnance et ayans contigué le service des Roys en tout temps, et que de ladicte maison est dessendu en loyal mariage ung frère de ladicte Regnée, qui est comandeur de Villefranche, si comme ledict depposant a ouy tenir par noctoire, autrement ne les a cogneuz, fors ladicte dame Regnée ; aussi a veu et cogneu ung autre frère de ladicte dame Regnée, qui est prothonotaire,

---

[1] Mauvaise graphie, pour *opignon*.

[2] Claire d'Apchier, dame du Fieu, du Cerf et de Veau.

homme de grant apparance, qu'il n'a sceu autrement nommer. Et plus n'en dit.

[*Signé* :] De Tournabize.

Noble Jacques de Ravel, escuyer, seigneur de Codoignac[1], eaigé de soixante ans ou envyron, dict et deppose par son serement faict aux sainctz esvangilles Nostre Seigneur, qu'il a bonne memoire et souvenance de cinquante ans dernier passés, pendant et durant lequel temps il a contignué la maison du Croc comme estant prochain voisin, n'estant toutesfoix parent ne allié, sur ce enquis ; et, par lesdictes causes, dict qu'il a bonne cognoissance de Guilhaume du Croc, qui est eaigé de presant de sèze à dix sept ans, lequel est dessendu en loyal mariage de puissant seigneur messire Philibert du Croc, chivalier, seigneur dudict lieu, et de dame Regnée de Malvoisin, sa consorte, desquieulx il a aussi bonne cognoissance ; et dict que ledict messire Philibert du Croc est dessendu en noble et legytime ligne de feuz messire Gilbert du Croc, en son vivant chivalier, seigneur dudict lieu, et de dame Phelippe de Sailhans, sa consorte ; et dict ledict depposant qu'il a ouy dire et tenir par noctoire que ledict feu messire Gilbert du Croc estoit dessendu en loyal mariage de noble Martin du Croc, surnommé Bedot, et de damoizelle Marguerite de Chandorac, ses père et mère, autrement [ne] les a veuz ne cogneuz. Maiz dict et deppoze que ladicte maison du Croc est une maison fort noble et anciène, ayant vescu durant le temps de sadicte cognoissance noblement et en grand renommée et repputtation, mesmes a veu ledict messire Philibert du Croc, à presant seigneur dudict lieu, père audict Guilhaume du Croc, qui a contignué le service des Roys au faict des guerres durant le temps de vingt deux ans ou envyron, et pendant ledict temps contignué tous les voiages qui ont esté faictz, en bonne estime, esquipaige et renommée, et tellement qu'il a heu estatz, comme a encores de presant, de gentilhomme servant le Roy, premier eschançon de la Royne d'Escosse, et daventaige que par ses vertus et prouesses il a esté envoyé en plusieurs anbassades par les Roys, mesmes en Anglaterre, en Piemond, en Escousse, en Flandres, à Callaix, à Bollogne, et plusieurs autres voiages ausquieulx il c'est si vertueusement comporté qu'il en a acquis ung grand honneur. Et quant audict feu messire Gilbert, son père, a esté aussi en grande repputtation, tellement que de son vivant il fust lieutennant pour le Roy sur la mer, du temps du voiage de Napples où furent prins le vice roy de Napples et plusieurs autres. Et le semblable a ouy tenir de leurs predecesseurs, et si a tousjours veu vivre lesdictz seigneurs et dames du Croc desquieulx a heu cognoissance. Après lequel voiage ledict du Croc morust en grand honneur et repputation, et y estoit presant ledict depposant, honnorablement, vertueusement

[1] Codegnat, hameau de la commune et du canton de Lezoux, arrondissement de Thiers, département du Puy-de-Dôme.

et noblement, en grand honneur et extime. Aussi a ouy tenir par noctoire que en ladicte maison du Croc y a heu ung nommé Geoffroy du Croc, frère audict feu Martin du Croc, qui estoit chivalier de Jerusalen et commendeur de Charrières et ainsi l'a ouy dire ledict depposant à son père. Aussi a veu et cogneu ledict depposant ladicte dame Philippe de Sailhens, mère dudict messire Philibert du Croc, consorte à feu messire Gilbert du Croc, laquelle il a veu et ouy tenir pour noctoire estre filhe naturelle et legytime et naturellement dessendue de feu messire Loys de Sailhens, chevalier, seigneur dudict lieu, et de dame Leone de Chier, sa consorte, que ladicte maison de Sailhens estoit une fort grande, noble et antiène maison, comme si est de presant. Pareilhement deppoze ledict depposant bien cognoistre ladicte dame Regnée de Malvoisin, mère audict Guilhaume, consorte audict messire Philibert du Croc, comme si a veu le père de ladicte dame, seigneur de Malvoisin, grand seigneur et de grand auctorité et apparance, qu'il n'a sceu toutesfois nonmer. Aussi dict bien cognoistre ung frère de ladicte dame du Croc, qui est chivalier de l'ordre de Jerusallem, commandeur de Villefranche, qui [qu'il] n'a sceu aussi nonmer. Et ce dessus a dict contenir verité.

[*Signé :*] De Ravel.

Noble Anthoine de Neufville, escuyer, seigneur d'Efiat [1], caigé de quarente ans ou envyron, dict et deppose par son serement, faict aux sainctz esvangiles Nostre Seigneur, qu'il a bonne souvenance de trente ans, qu'il n'est parent ne allié de Guilhaume du Croc, filz à messire Philibert du Croc, chivalier, seigneur dudict lieu, et dict que, durant le temps de sa souvenance, il a hanté et frecanté la maison du Croc et laquelle il et ses predecesseurs sont et ont demeuré prochains voisins, et, par ladicte cause, qu'il cognoist ledict Guilhaume du Croc, qui est à eaige de sèze à dix sept ans ou envyron, dessendus en loyal mariage de puissant seigneur messire Philibert du Croc, chivalier, seigneur dudict lieu, et de dame Regnée de Maulvoisin, sa consorte; que ledict messire Philibert du Croc est aussi dessendu legytimement en noble ligne de feuz messire Gilbert du Croc, en son vivant chivalier, seigneur dudict lieu, et de dame Phelippe de Sailhens, sa consorte, tous lesquieulx susnommés ledict depposant dict avoir bien cogneuz, et que durant le temps de sadicte souvenance il les a veuz vivre noblement, tellement qu'il a ouy dire et tenir par notoire à feu Monsieur d'Effiat, son père, et plusieurs autres, que ledict feu messire Gilbert du Croc, père audict messire Philibert, avoit esté, soy vivant, contignué servir ès Roys de France estans de son temps, au faict des guerres, et fust cappitaine pour conduire certain nombre de Suyses au royaulme de Napples, où il se comporta honnorablement et acquict ung grand bruict et repputation, et amprès ledict voiage morust. Et despuys son deceptz et puys

[1] Effiat, Puy-de-Dôme, arrondissement de Riom, canton d'Aigueperse.

vingt ou vingt deux ans en çà, que ledict feu messire Philibert du Croc a heu eaige, il a suyvy et contignué le service des Roys de France qui ont esté despuis, faict les voiages où il a esté bessoing, tousjours en bon et grand esquipaige, et a esté, comme est de presant gentilhomme servant le Roy et premier eschançon de la Royne d'Escosse, faict plusieurs voiages en ambassade, tant en Anglaterre, Piemont, que autres, où il c'est si bien et noblement comporté qu'il en a acquis ung grand honneur. Dict que ledict Guilhaume n'est marié ne obligé à aulcune personne et qu'il a ses menbres sains et entiers sans emffraincte. Aussi dict avoir cogneu ladicte dame Phelippe de Sailhens, mère audict [Philibert] à presant chevalier, laquelle, comme l'on tenoit par notoire, estoit dessendue d'une bien grand et noble maison, que son père, qu'il n'a sceu nonmer, fust cappitaine de cinquante hommes d'armes. Dict semblablement que ladicte dame Regnée de Malvoisin, mère dudict Guilhaume, est dessendue noblement et legytimement du feu seigneur de Mauvoisin ; aussi a cogneu feue madame sa mère ; toutesfois ne les a sceu nonmer. Bien dict que c'estoit une grand et noble maison et eust ledict seigneur de Malvoisin charge de gendarmerie et que toutes lesdictes maisons, tant du Croc, Sailhens, que Malvoisin, sont maisons bien nobles et fort ancièncs, ayant vescu, et leur seigneurie *(sic)* d'icelles, noblement et vertueusement, en bon bruict et estime. Aussi dict ledict depposant avoir veu la mère de ladicte dame du Croc, venue de la maison noble de Beaumont, et deux frères d'icelle dame du Croc, seigneurs de Malvoisin, deceddés, l'aisné peult avoir sept ou huict ans, et le jeune, à la Journée Sainct Laurens [1]. Aussi [dict] cognoistre ung autre frère de ladicte dame, qui est chivalier de l'ordre Sainct Jehan de Jeruzallem, commendeur de Villefranche. Et ce que dessus a dit contenir verité.

[*Signé :*] De Neufville.

Certiffions avoir examiné les troys tesmoins sus nommés, avec le notaire soubzsigné, en la maison et logis du Chappeau Roughe, à Thiern, le xxvij[e] jour d'apvrilh mil v[e] soixante deux.

[*Signé :*] Garnier, notaire royal.

IV

1562, 1er juin. — Clermont-Ferrand.

Procès-verbal de la déposition de Pierre de Chauvigny.

Noble et puissant seigneur Pierre de Chovigny, seigneur de Blot l'Église [2] et de *Nerceny*, d'aige, homme il a dict, de soixante huict ans

[1] Les contemporains désignaient ainsi la bataille de Saint-Quentin, du 10 août 1557.
[2] Puy-de-Dôme, arrondissement de Riom, canton de Menat.

ou environ, dict et deppose par son serment par luy faict et presté aux sainctz evangilles de dire verité. A dict bien congnoistre Guillaume du Cros, filz à noble et puissant seigneur messire Philibert du Cros, chevalier, seigneur dudict lieu, comme aussi a dict avoir bonne notice et congnoissance dudict messire Philibert du Cros et de dame Regnée de la Fourestz Malvoisin, sa consorte, desquelz est descendu en loyal et legitime mariage ledict Guillaume du Cros, et a la congnoissance desdictz père et mère dudict Guillaume il y a plus de vingtcinq ou trente ans, pour souventesfoys avoir hanté et frequenté leur compaignye, tant en leur maison que en la sienne et ailheurs. Et a dict que ledict messire Philibert est bon gentilhomme de nom et d'armes, ayant suyvy les armées des Roys de France et iceulx servys actuellement en leurs guerres, en plusieurs et divers voyages, en bon et louable equipaige, tousjours vertueusement, en gentilhomme de bonne reputation. Et tel est ledict messire Philibert dict, nommé et reputé, et estre gentilhomme d'ancienneté entre tous ceulx qui ont congnoissance de luy, et n'entendict jamais ledict seigneur depposant le revocquer à doubte, ne dire au contraire. Et si a dict avoir congneu le père dudict messire Philibert, qui estoit aussi gentilhomme servant le Roy en ses guerres et aultres affaires et auquel, de son temps, furent données de par le Roy de bonnes charges et commissions pour les affaires du reaulme, lesquelles ledict ayeul paternel dudict Guillaume auroit deuement et louablement executées, comme gentilhomme de vertu et bonne reputation. Et quant à ladicte dame Renée de Malvoisin, a dict qu'elle est filhe naturelle et legitime de messire François de la Fourestz de Malvoisin, chevalier, seigneur dudict lieu, et de feue dame Jaquete de Bresay, sa consorte, lesquelz ledict seigneur depposant a dict avoir bien congneuz, hantez et frequentez. et mesmes ledict messire Françoys, car ont demeuré ensemble au service de feu monseigneur le Connestable messire Charles de Bourbon, et estre ledict de Malvoisin bon gentilhomme d'ancienneté, ayant heu charges et esté cappitaine pour le Roy de cinquante hommes d'armes en plusieurs voyages. Et a entendu dire que le feu père dudict Françoys de la Fourestz Malvoisin, nommé messire Bernard de Malvoisin, auroit esté lieutenant de cent hommes d'armes soubz la charge de feu monseigneur le Bastard Mathieu de Bourbon, après le decès duquel seigneur Bastard de Bourbon ledict feu père dudict messire Françoys fust capitaine en chief desdictz cent hommes d'armes, ainsi qu'il a entendu dire et que tel est le commun bruict et renommée entre les gentilzhommes. Et oultre a dict ledict seigneur de Chovigny actestant congnoistre monseigneur le commandeur de Villefranche, descendu en loyal mariage desdictz messire François et dame Jacquète de Bresay. Et par les causes susdictes dict et acteste par sondict serment que ledict Guillaume du Cros, tant de l'estoc paternel que maternel, est gentilhomme de très ancienne noblesse et de parens de vertu et honneur, et est icelluy Guillaume, comme il a dict congnoistre par l'inspection de sa personne, de l'eage d'entour sèze ou dix sept ans, lequel est bien morigené, ne degenerant aucunement à ses predecesseurs qui, comme dict est, ont esté et sont gens de vertu, vivans honnorablement, et n'a jamais sceu ne entendu dire que ledict Guillaume du Cros ait faict aucune promesse de mariage ne qu'il ait jamais faict debtes passifz, ce qu'il eust bien sceu, car a dict avoir frequenté et frequente souvent ladicte maison du Cros et les parens dudict Guillaume du Cros; et dict que ledict Guillaume est sain, bien adroit et dispostz de ses membres et de sa personne, apte et convenable pour servir aux armes, et lequel est né au chasteau du Cros et baptisé en icelluy, comme il a ouy tenir par commun et notoire, lequel chasteau il a dict estre scix rières et en l'evesché de Clermont, en ce pays d'Auvergne, et par ce moyen dans les limites du prieuré d'Auvergne. Et finablement a dict, actesté et affermé que tous les dessus nommez gentilzhommes, tant du cousté paternel que maternel, ont tousjours vescu noblement, frequentant les armes au service des Roys lors vivans ès ordonnances tant que l'eage l'a peu supporter et après ont frequenté et continué les arrière bancz toutes foys et quantes que besoing a esté, se comportans tousjours vertueusement, noblement et honnorablement, et a esté louable renommée d'eulx, ainsi qu'il dict sçavoir tant pour l'avoir veu que pour l'avoir entendu dire et tenir par commun et notoire en tout ce pays d'Auvergne. Et tout ce que dessus a dict contenir verité, et a signé sa presente depposition.

[*Signé* :] De Blot.

Examiné a esté ledict tesmoing dessus nommé par nousdictz frère Anthoine de Bressolles et frère Claude Charpin, commissaires ad ce depputez par ladicte commission cy atachée, appellé avec nous Me Pierre Des Martineaulx, notère royal soubzsigné, duquel avons prins le serment au cas requis, aux sainctz evangilles, de bien et fidelement vacquer à escripre ladicte depposition, ce qu'il a promis et juré. Faict à Montferrand, au logis du Cerf, le premier jour de juing, lan mil vc soixante deux, en la presence de Me Anthoine Dupeil, aussi notère royal audict Montferrand.

Je, Anthoine Dupeil, notère royal soubzsigné, certiffie à tous qu'il apartiendra avoir esté presant au serment prins dudict Des Martineau, lesdictz jour et an.

[*Signé* :] F. de Bressolles. F. Claude Charpin.
Dupeil. Desmartineaulx.

V

1562, 1er juin. — Montferrand.

Certificat de conformité des preuves fournies par Guillaume du Croc.

Nous soubzsignés comissères depputés de la part du chappitre à veoir et visiter les presentes preuves, icelles certiffions les avoir veu et leu et treuvées bien fètes, selon la forme de noz establissemens, comme de ce en avons faict rapport au chappitre tenu à Montferrand le premier de juing mil v^{c} soixante deux.

[*Signé :*] PHILIBERT DE LANS.

VI

1562, 1er juin. — Montferrand.

Homologation par le chapitre provincial d'Auvergne des preuves de noblesse de Guillaume du Croc.

Nous, frère Anthoine de Bressolles, comandeur de Montferrand, president au present chappitre, à nouz chiers et aymés frères relligieux dudict ordre, congregés et tenens le chappitre provincial au prieuré d'Auvergne, salut. Sçavoir faisons que nouz chiers et aymés frères, frère Philibert de Lans, commandeur de La Chal, et frère Glaude Charpin, commandeur de Culhac, comissères depputés de l'auctorité dudict chappitre à veoir et visiter les preuves de noblesse des gentilzhomes lesquelz par cy devant se sont presentés en nostredict chappitre pour y estre receuz en ranc de frères chivalhers, nous ont rapporté avoir ouvert et veu les preuves de noblesse de noble Guillaume du Croc, faictes par les comissères à luy ordonnés, et nous ont juré et affermé par serment faict par devant nouz, la main mise sur l'habit, qu'ils ont veu et cogneu par icelles preuves que ledict du Croc est procreé et extraict de noble ligne et parentaige de nom et d'armes et qu'il a très bien prouvé sa noblesse, ensemble les aultres sollempnités et choses à ce requises, selon la forme de nouz establissemens. Par quoy, de l'auctorité dudict chappitre, icelles preuves avons declerées et declerons estre bonnes et vallables et que, pour pourveoir ledict du Croc, seront mandées à monseigueur le Reverandissime et à messieurs de la venerable langue d'Auvergne, closes et seellées du seel du present chappitre, tenu à Montferrand le premier jour de jung, l'an mil cinq cens soixante deux.

[*Signé* :] F. Cellarier, secretaire du chappitre.

(Original, parchemin, jadis scellé sur double queue).

II

SUPPLÉMENT

A L'ITINÉRAIRE DE CATHERINE DE MÉDICIS

Au lieu de mentionner en note, à chaque fois qu'il était nécessaire, les compléments apportés à *l'Itinéraire*[1] de Catherine de Médicis par la présente publication, nous avons cru préférable de les grouper tous à la fin.

1547, 9 août. Le roi est à Villers-Cotterets. *L'Itinéraire* indique Catherine à Saint-Germain-en-Laye, le 8 juillet, et à Villers-Cotterets, le 12 août.

1558, 20 octobre. Le roi quitte le camp, près d'Amiens, pour aller à Beauvais, *où il fait venir la Royne.* En ce mois, et sans indication de quantième, *l'Itinéraire* porte qu'elle fut à Saint-Maur-les-Fossés, à Vincennes et à Beauvais, où elle se trouve encore au début de novembre.

1560, 22 juillet. François II est à Fontainebleau. *L'Itinéraire* indique Catherine à Saint-Germain, le 17 juillet, et à Fontainebleau, le 29.

1566, 28 septembre. Lettre de Charles IX[2], datée de Gaillon.

---

[1] Cet *Itinéraire* est publié au tome X des *Lettres de Catherine de Médicis*, pages 574 à 589.

[2] Nous relevons ici même les indications que ne nous sont fournies que pour le roi. Pratiquement, en effet, l'itinéraire de Catherine est, à quelques rares exceptions près, l'itinéraire de la Cour, et l'on trouve fréquemment, à la même date de temps et de lieu, une lettre du roi et une de la reine-mère, adressées au même destinataire et touchant la même affaire.

D'après l'*Itinéraire*, Catherine est à Compiègne, le 13 septembre, et à Anet (Eure-et-Loir), le 3 octobre.

1566, 2 novembre. Catherine et Charles IX sont à Saint-Maur-les-Fossés. *L'Itinéraire* indique la reine-mère à Monceaux, du 19 au 27 octobre, et à Saint-Maur-les-Fossés, du 8 au 27 novembre.

1567, 29 avril. La Cour est à Saint-Maur-les-Fossés. *L'Itinéraire* y indique Catherine à la date du 30.

1571, 30 octobre [1]. Charles IX est à Vaujours (Indre-et-Loire). *L'Itinéraire* y indique Catherine, le 31 octobre.

1571, 2 décembre. Charles IX est à Durtal. D'après l'*Itinéraire*, Catherine s'y trouve du 20 au 28 novembre, et le 1er décembre. On peut raisonnablement proposer la rectification suivante : 10 novembre au 2 décembre, Durtal.

1572, 1er juin. Charles IX est à Étampes. *L'Itinéraire* indique Catherine au château de Montpipeau (Loiret), du 25 au 28 mai, et au château de Boulogne, près Paris, du 16 au 21 juin. Dans cette lettre du 1er juin, le roi annonce qu'il sera bientôt « au chasteau de Boullongne, où ceulx de mon conseil et de mes finances me viendront trouver dans peu de jours, estant le lieu où je recevray [2] l'admiral d'Angleterre [Lord Lincoln].... »

1572, 26 juin. Catherine et le duc d'Anjou sont à Boulogne [3]. Catherine s'y trouve, d'après l'*Itinéraire*, du 16 au 21 juin, et, le 27, elle est à Meudon.

1572, 13 juillet. Charles IX est à Paris. *L'Itinéraire* indique Catherine à Boulogne, le 8 juillet, et à Meudon, le 20.

1578, 4 juin. Henri III est à Paris. D'après l'*Itinéraire*, Catherine est à Paris, du 26 au 28 mai, et à Chantilly, du 6 au 9 juin.

1578, 17 juillet. Le roi est à Paris. *L'Itinéraire* y indique la reine-mère du 18 au 23 juillet.

1585, 30 avril. Henri III est à Paris. Selon l'*Itinéraire*, Catherine est à Saint-Maur le 27 avril, et à Épernay, du 2 au 31 mai.

---

[1] Voir page 22, note 4 : lettre publiée d'après Sandret.
[2] Voir *Lettres de Catherine de Médicis*, tome IV, pages 103-105.
[3] Lettre publiée d'après Sandret. Voir *supra*, page 23, cote 1.

TABLE ALPHABÉTIQUE

DES NOMS DE LIEUX & DE PERSONNES

N. B. — Les noms de personnes sont imprimés en petites capitales et les noms de lieux en italiques. Les nombres renvoient aux pages. — Nous n'avons pas relevé les références, trop nombreuses, concernant les rois de France.

ALAVA (Don Francès DE), ambassadeur d'Espagne en France, 19, note 1.

ALBE (Le duc D'), 65.

ALBRET (Jeanne D'), reine de Navarre, 26, 60, 61, 70.

Alcros, paroisse de Thiers, 10. — Voir : *Cros (Le)*.

ALENÇON (François, duc D'), 24, 28, 69, 74, 75.

Alloa, château d'Écosse, 18.

Amiens, 12, 32, 33, 91. — Évêque : Nicolas DE PELLEVÉ, 15, note 2.

Andelot (Jura). — Seigneur : François DE COLIGNY, 31.

Anet (Eure-et-Loir), 92.

ANJOU (Le duc D'), futur Henri III, 23, 66, 67.

APCHIER (Claire ou Léone D'), femme de Louis de Saillans, 84, 86.

ARDOY (Le s[r] D'), secrétaire du duc de Montmorency, 70.

ATHOL (Le comte), écossais, 43.

AUBIGNY (D'), de la famille de Lennox, 17, note 6.

AUMALE (Le duc D'), 22, 28, 63.

Auvergne. — Gouverneur : Jean-Louis DE LA ROCHEFOUCAULD, 78. — Intendant : M. DE FORTIA, 10, 13, 28. — Lieutenant général : Gaspard Ier DE MONTMORIN DE SAINT-HÉREM, 21, 22, 60.

Auvergne (Haute). Gouverneur : Jean DE BEAUFORT, 79.

Auzon (Haute-Loire), 79.

BALFOUR (James), 43.

BAUDUEL [Bothwell], comte écossais, 43, 44.

BEATOUN (James), archevêque de Glasgow, ambassadeur de Marie Stuart en France, 19, 24, 45, 46.

BEAUFORT (Jean DE), marquis de Canillac, gouverneur de la Haute-Auvergne, 78, 79.

Beaugency (Loiret), 15, 38, 39.

BEAUMONT (La maison DE), 87.

Beauvais, 33, 91.

BEDOC, ou BEDOT, ou BERLOC, famille, 11, 84, 85.

Berwick, ville anglaise, 67.

BERWICK (Le maréchal DE), diplomate anglais, 67, 71.

BEZOT (Jean), receveur de Philibert du Cros, 24, note 3.

Blois, 22, 23, 36, 37, 64-67. — États généraux de 1576, 28, 74, 75.

Blot-l'Église (Puy-de-Dôme). Seigneur : Pierre DE CHAUVIGNY. 12, 87.

BOCHETEL (Bernardin), abbé de Saint-Laurent (Nièvre), puis évêque de Rennes et ambassadeur de France, 16, note 3.

BOCHETEL DE LA FOREST (Jacques), ambassadeur en Angleterre, 30, 51. — Son chiffre, 32-33.
Bonneval (Eure-et-Loir), 15, 38.
BOTHWELL, troisième époux de Marie Stuart, 21, 25, 26, 29.
Boulogne-sur-Mer, 85.
Boulogne-sur-Seine, 23, 68, 92.
BOURBON (Charles DE), connétable de France, 12, 88.
BOURBON (François DE), duc de Montpensier et dauphin d'Auvergne, 24.
BOURBON (Henri DE), futur Henri IV, 70.
BOURBON (Louis DE), prince de Condé, 21.
BOURBON (Louis DE), duc de Montpensier, 39.
BOURBON (Mathieu DE), dit : *le Grand Bâtard de Bourbon*, 12, 88.
Bourdillon. — Seigneur : Imbert DE LA PLATIÈRE, 40.
BOURDIN, secrétaire de Charles IX, 47, 49.
Bourges. Archevêque : Girard, ou Giraud, DE CROS, 9.
BRESAY (Jacquette DE), épouse de François de Malvoisin, 88.
BRESSOLLES (Antoine DE), commandeur de Montferrand, 81, 82, 89, 90.
BRETAGNE (Le dauphin DE), 12, 31.
Brienne (Aube). Comtes : Antoine et Jean DE LUXEMBOURG. — Voir : LUXEMBOURG.
BRIMONT (La vicomtesse Edgard DE), 27.
BRISSAC (Le maréchal DE). — Voir : COSSÉ (Charles DE).
BRULART, secrétaire de Charles IX, 64.
Bulhon (Puy-de-Dôme), 9, 24.
BURGHLEY (Lord), 69.

Calais, 13, 53-56, 85.
CANILLAC (Le marquis DE). — Voir : BEAUFORT (Jean DE).
CASTELNAU (Michel DE), seigneur de Mauvissières, diplomate et chroniqueur français, 17, 18, 45.
Cateau-Cambrésis (Le). Traité de 1559 : 13, 14, 34, 54-56.
CECIL (Sir W.), ministre d'Élisabeth d'Angleterre, 16, 20.
CELLARIER, chevalier de Malte, 82, 91.
Cély (Seine-et-Marne). Seigneur : Christophe DE THOU, 61, 62.
Cercamp-sur-Canche (Pas-de-Calais), 14, 34.
CHABANNES (Le comte H. DE), cité, 10, note 5.
Chal (La), commanderie, 90.
CHALUZ (Charles DE), commandeur de *Fenyers*, 81.
Chambéry. Le Saint Suaire, 46.
CHAMBRES (Me David), 70.
CHANDORAT (Jean DE), évêque du Puy, 11.
CHANDORAT DE MONS (Anne-Marguerite DE), 11, 84, 35.
Chantilly (Oise), 92.
Chapelle-Gauthier (La), Eure. Seigneur : Christophe JOUVENEL DES URSINS, 59.
CHARLES D'AUTRICHE (L'archiduc), prétendant à la main de Marie Stuart, 16, note 3.
Charlus (Cantal), 32.
CHARLUS (Le sr DE), 13, 32.
CHARPIN (Claude), commandeur de Culhat, 81, 82, 89, 90.
Charriers, commanderie, 11, 84, 86.
Chatillon-sur-Loing (Loiret). Seigneurie de la famille de Coligny. — Voir : COLIGNY.
CHAUVIGNY (Pierre DE), seigneur de Blot-l'Église, 12, 87-89.
CHOPIN, notaire, 12.
CLAIREFONT (M. DE), gentilhomme auvergnat, 78.
CLERMONT (M. DE), gentilhomme auvergnat, 78.
Clermont-Ferrand. — Évêque : Pierre DE CROSO, 9. — Archidiacre : Girard, ou Giraud, DE CROS, 9. — Chanoines, 9. — Bibliothèque, 28. — Citée : 22, 87.
CLERVAULT (M. DE), 45, 46.
Codegnat (Puy-de-Dôme). Seigneur : Jacques DE RAVEL, 85.
COLIGNY (François DE), seigneur d'Andelot, 12, 31.
COLIGNY (Gaspard DE), amiral de France, dit : *l'Amiral de Châtillon*, chef protestant, 12, 21, 63, 70.
COLIGNY (Odet DE), dit : *le Cardinal de Châtillon*, 51.
Compiègne (Oise), 92.
CONDÉ (Louis DE BOURBON, prince DE), 21, 51.
COSSÉ (Arthus DE), maréchal de France, dit : *le Maréchal de Cossé*, 14, 34, 35.
COSSÉ (Charles DE), maréchal de France, gouverneur du Piémont, 14, 33.
COTIGNON, secrétaire du *Maréchal de Bourdillon*, 40.
COURCELLES (Le chevalier DE), généalogiste, 9-13, 19, 20, 23, 26-29.
Craigmillar, ville d'Écosse, 19.

Crevant (Puy-de-Dôme), 24.
Croc (Le), fief de la baronnie de Thiers, 9-11. — La dîme en dépendant, 9, 10. — Voir : *Cros (Le)*.
CROC (Pierre DE), chevalier, 10.
Cros (Le), château et écart, près de Thiers, 9, 84. — Voir : *Croc (Le)*.
CROS (Adémar DE), 10.
CROS (Girard, ou Giraud, DE), archidiacre de Clermont, puis archevêque de Bourges, 9.
CROS (Jean DE), cardinal, 10.
CROS (Pierre DE), cardinal, 10.
CROS (DE). — Voir : DU CROC.
CROSO (Pierre DE), chanoine, puis évêque de Clermont, 9.
CROTIS (Pierre DE), chanoine du Puy, 10.
CROTIS (*Pontius* DE), chanoine du Puy, 10.
Crozo (Motte *de*), 10.
CROZO (Pierre DE), 10.
Culhat (Puy-de-Dôme), commanderie, 81, 90.

DARNLEY, de la famille de Lennox, second mari de Marie Stuart, 16, 19, 20, 25.
DES BRAVARS, gentilhomme auvergnat, 79.
DES MARTINEAUX (Pierre), notaire royal à Montferrand, 89.
Dieppe, 66, 68.
DOLU, conseiller du roi et secrétaire des finances, argentier de Catherine de Médicis, 22, 61, 62.
Dombertran, ville forte en Écosse. — Voir : *Dumbarton*.
Dorat (Puy-de-Dôme), 9, 24.
Douvres, 40.
DRURIE, ou DRURY (DE), diplomate anglais, 69, 73, 74.
DU BELLAY (Martin), chroniqueur, 11.
DU BOURG DE BOZAS. Famille, 27, 30. — Archives, 9, 13, 16, 23, 24, 31.
DU BOURG (Emmanuel-Gaspard, marquis), 27, 28.
DU CROC, famille. — Voir : CROC, CROS, CROSO, CROTIS, CROZO. — Armoiries, 30.
DU CROC (Amblard), 10.
DU CROC (Antoine), gouverneur de la vicomté de Valerne (ou de Valence?), 11.
DU CROC (Charles), 13, 28.
DU CROC (Chatard), damoiseau, 10.
DU CROC (Gaspard), 13, 28.
DU CROC (Geoffroy), commandeur de *Charriers*, 11, 84, 86.
DU CROC (Gilbert), 11, 12, 84-86.
DU CROC (Guillaume), 9, 11, 12, 28, 30. — Preuves de Malte, 81-91.
DU CROC (Henri), 84.
DU CROC (Hugues), damoiseau, 10.
DU CROC (Marguerite), 10, 11.
DU CROC (Martin), dit BEDOT, 11, 84, 85.
DU CROC (Matbée), 27, 28.
DU CROC (Pierre), 10.
DU CROC DE BRASSAC (Marie-Thérèse-Catherine), 27.
Dumbarton, château d'Écosse, 43, 44.
DUPEIL (Antoine), notaire royal à Montferrand, 89.
DU POUGET (François), commandeur de Tortebesse, 81, 82.
Durtal (Maine-et-Loire), 63, 64, 92.
DU VERGIER, courrier diplomatique, 65.

Écluse (L'), ville de Hollande, 70.
Écouen (Seine-et-Oise), 75, 76.
Édimbourg, 42-44, 69, 72, 73.
Effiat (Puy-de-Dôme). Seigneur : Antoine DE NEUFVILLE, 86.
ELBEUF (Le marquis D'). — Voir : LORRAINE (Charles DE).
ÉLISABETH, reine d'Angleterre, 17, 39, 51, 53-57, 65, 66, 68-74.
Épernay (Marne), 92.
Époisses (Côte-d'Or), 40.
Escoutoux (Puy-de-Dôme), 9.
ESTE (Anne D'), veuve de François de Guise, remariée à Jacques de Savoie, 46.
Étampes (Seine-et-Oise), 67, 68, 92.

Fengers, commanderie, 81.
Fieux (Le) (Puy-de-Dôme), 23, 24.
FLAMY (DE), gentilhomme écossais, 43.
Flessingues, 70.
FOIX (Paul DE), ambassadeur en Angleterre, 28, 42, 68, 69, 71.
Fontainebleau, 23, 37, 39, 40, 51, 91.
Fontenille (Puy-de-Dôme), 78. — Seigneur : Jean de SENETAIRE [SENNETERRE], 23.
Forêt-Malvoisin (La), seigneurie, 88. — Voir : MALVOISIN.
FORTIA (M. DE), intendant d'Auvergne, 10, 13, 24, 28.

Gaillon (Eure), 47, 91.

GARENDEAU, greffier, 84.
GARNIER (Bonnet), notaire royal à Thiers, 82, 83, 87.
GONNOR, ou GONNORT, maréchal de France. — Voir : COSSÉ (Arthus DE).
Gonnord (Maine-et-Loire), 34. — Seigneur : Arthus DE COSSÉ.
GRANGE (Le capitaine). — Voir : KIRKALDY.
GRANTRYE (DE), secrétaire de Marie Stuart, 37.
Greenwich, ville d'Angleterre, 39, 40.
GUISE (Charles DE LORRAINE, cardinal DE), dit : *le Cardinal de Lorraine*, 16, 21, 41, 42, 46.
GUISE (François DE LORRAINE, second duc DE), 14, 15, 33, 34.
GUISE (Henri DE LORRAINE, troisième duc DE), 22, 28, 46, 51, 63, 70.
GUISE (Louis DE LORRAINE, cardinal DE), 41, 46.
GUISE (Renée DE), abbesse de Saint-Pierre de Reims, 46.
GUISE (La maison DE), 15, 28, 42, 63.

Havre (Le), 54-57, 68.
Holy-Rood, palais des rois d'Écosse, 25.
Hongrie. Expédition du duc de Guise, en 1566, 46.
HONTLAY (Le comte), gentilhomme écossais, 43, 44.
HOUSTON (Le s^r^ DE), gentilhomme écossais, 67.
Humes, château d'Écosse, 70.

Illiers (Eure-et-Loir), 15, 38.

Jardon (Creuse), 32.
JARDON (Le s^r^ DE), 13, 32, 33. — Voir : LA COUSTURE (Godifert DE).
Joinvile (Haute-Marne, 46.
JOURDA DE VAUX (M. Gaston DE), cité, 10-12.
JOURDAIN ou JOURDIN, secrétaire de Catherine de Médicis, 49.
JOUVENEL DES URSINS (Christophe), baron de Traynel, seigneur de La Chapelle, 59.

KIRKALDY DE GRANGE, gouverneur du château d'Édimbourg, 69.

LA CHASSAIGNIE (M. DE), gentilhomme auvergnat, 78.
LA COUSTURE (Godifert DE), seigneur de Jardon, 32.
LAFAYE (?), secrétaire du Cardinal de Lorraine, 41.
LA FERRIÈRE (Le comte DE), cité, 12, 14, 20, 54.
LA FOREST (Jacques BOCHETEL DE), 30, 51.
LA MOTHE-FÉNELON (Bertrand DE SALIGNAC DE), ambassadeur de France en Angleterre, 16, 22, 29, 65, 66, 68-71.
LANS (Philibert DE), commandeur de *La Chal*, 90.
LA PLATIÈRE (Imbert DE), seigneur de Bourdillon, baron de Prye, maréchal de France, 40.
LA ROCHEFOUCAULD (Jean-Louis DE), comte DE RANDAN, gouverneur d'Auvergne, 78, 79.
LA ROCHELAMBERT-MONTFORT (LA marquise DE), 27.
LASNYE (?), secrétaire du cardinal de Lorraine, 41.
Las Ramas, fief d'Auvergne, 83.
LASTIC (Louis DE), prieur d'Auvergne, de l'ordre de Malte, 81.
L'AUBESPINE (Sébastien DE), secrétaire de Catherine de Médicis, 21, 49, 51-53, 58. Sa signature, 56-57.
LAUTREC, maréchal de France, 11, 12, 85.
Layac, ou *Layat* (Loire et Puy-de-Dôme), 15, note 2.
LAYAC (Le s^r^ DE), échanson de Marie Stuart, 15, 36.
LAYAC (M. DE), courrier diplomatique, 15, note 2.
LENNOX (Mathieu, comte DE), père de Darnley, 17, 18.
LESPINASSE (M. DE), gendre de Philibert du Croc, 69, 70.
LEVESQUE (Jean), commandeur de *La Racherie*, 81, 82.
LEVISTON (DE), gentilhomme écossais, 43.
Lezoux (Puy-de-Dôme), 16, 23, 24.
Ligny-en-Barrois (Meuse). Comte : Jean de Luxembourg, 46.
Ligonnes (Puy-de-Dôme), 23, 24.
LINCOLN (Lord), amiral d'Angleterre, 68, 92.
LINSAY (Lord), écossais, 42.
Lislebourg. Nom donné par les Français à *Édimbourg*.
Lochleven, château d'Écosse, 21.
Londres, 51, 52, 69.

LORRAINE (Charles DE), marquis d'Elbeuf, 20.
LORRAINE (Marie DE), régente d'Écosse, 13, 14.
LORRAINE (Le cardinal DE). — Voir : GUISE (Charles de LORRAINE, cardinal DE).
LORRAINE (La maison DE). — Voir : GUISE.
LUXEMBOURG (Antoine DE), comte de Brienne, 59.
LUXEMBOURG (Jean DE), comte DE BRIENNE et de Ligny, 19, 20, 46, 49, 50.
LUXEMBOURG (Madeleine DE), 59.

MAINE (Le marquis DU), 22, 28, 63.
MALVOISIN (Bernard DE), 12, 88.
MALVOISIN (François DE), 12, 88.
MALVOISIN (Renée DE), épouse de Philibert du Croc, 12, 83-88.
MALVOISIN (La maison DE), 84, 86, 87.
MAR (Le comte DE), écossais, 65.
MARCEL, receveur des parties casuelles du trésor royal, 62.
MARQ (Le comte DE), écossais, 67.
MAUVISSIÈRES (DE). — Voir : CASTELNAU (Michel DE).
MÉDICIS (Catherine DE), 15-23, 25, 29, 34, 35, 48-50, 53, 54, 57, 61, 67, 71, 72, 76, 80, 91, 92. — Son chiffre et sa signature, 56-57.
MÉDICIS (Côme Ier DE), grand-duc de Toscane, 16.
MEDINACELI (Le duc DE), 70.
Meudon (Seine-et-Oise), 92.
MINGNON, courrier, 21, note 1.
MONCADE (Hugues DE), 11.
Monceaux (Seine-et-Marne), 92.
Montferrand (Puy-de-Dôme), 81, 82, 89-91. — Commanderie, 81, 82, 90. — Notaires royaux : Pierre Des Martineaux et Antoine Dupeil, 89. — Le logis du Cerf, 89.
MONTLUC (Jean DE), évêque de Valence, 55.
MONTMORENCY (Anne DE), connétable de France, 14, 15, 20, 35, 36, 56.
MONTMORENCY (François DE), maréchal de France, ambassadeur en Angleterre, 14, 23, 35, 36, 68-71.
MONTMORIN (Gaspard Ier DE), seigneur DE SAINT-HÉREM, lieutenant général au gouvernement d'Auvergne, 21, 22, 60.
MONTMORIN (Gaspard II DE), seigneur DE SAINT-HÉREM, 24, 78.
MONTPENSIER (François DE BOURBON, duc DE), 24.
MONTPENSIER (Louis DE BOURBON, duc DE), 39.
MONTPENSIER (Mlle DE), possède la baronnie de Thiers, 9, note 2.
Montpipeau (Loiret), 92.
MORTON (Le comte DE), écossais, 42.
MORVILLIERS (Jean DE), évêque d'Orléans, 16.
Mothe-Gondrin (La). Seigneur : Blaise DE PARDAILLAN, 37.
MURRAY (Le comte DE), frère naturel de Marie Stuart, 18, 48.

Naples. Expédition de 1528, 11, 84-86.
NEMOURS (M. et Mme DE), 46.
Nerceny (?), fief d'Auvergne, 87.
NESEBET, serviteur de Mathieu de Lennox, 17.
NEUFVILLE (Antoine DE), seigneur d'Effiat, 12, 86, 87.
NEUFVILLE (M. DE), gentilhomme auvergnat, 78.
NEUFVILLE (Nicolas DE), seigneur de Villeroy, 58, 59 ; — prévôt des marchands de Paris, 61 ; — membre du Conseil Privé, 61 ; — secrétaire de Charles IX, 63 ; — secrétaire de Henri III, 76, 78, 80.
NICOLAÏ (Antoine), seigneur de Goussainville, premier président en la Chambre des comptes de Paris, 61, 62 ; — membre du Conseil Privé, 61.
NOAILLES (Antoine DE), ambassadeur en Angleterre, 14.
NOAILLES (Gilles DE), ambassadeur en Angleterre, 14, 15.
Noalhat (Puy-de-Dôme), 24.
NORRISS (DE), ambassadeur d'Angleterre en France, 53.
Noyers (Yonne), 21.

Olivet (Loiret), 15, 38.
Orléans. Évêque : Jean DE MORVILLIERS, 16.
Orléat (Puy-de-Dôme), 9, 24,

PALERNE (Le s^r^ DE), envoyé du duc d'Alençon, 75.
PARDAILLAN (Blaise DE), seigneur DE LA MOTHE-GONDRIN, 37, 38.
Paris, 16, 46, 50, 51, 58, 60, 61, 71-74, 77, 78, 80, 92. — Chanoine : Pierre DE CROSO, 9. — Prévôt des marchands :

Nicolas DE NEUFVILLE, seigneur de Villeroy, 61.
PARIS (Louis), cité, 15.
Paslières (Puy-de-Dôme), 9.
PELLEVÉ (Nicolas DE), évêque d'Amiens, ambassadeur en Écosse, 15.
Petit-Leith, ville d'Écosse, 55, 67, 72.
PHILIPIN (Le comte), 11.
PHILIPPE II, roi d'Espagne, 19.
Piémont. Gouverneur : Charles DE COSSÉ, maréchal de Brissac, 14, 33.
PINART, secrétaire de Charles IX, 64, 66-68, 72, 74, 80. — Sa signature, 80-81.
PINEAU, secrétaire de François de Montmorency, 35, 36.
PINO, courrier, 35.
Plessis-lez-Tours (*Le*), Indre-et-Loire, 74, 75.
POLTROT DE MÉRÉ, 15.
Prye-sur-l'Ixeure (Nièvre). Baron : Imbert DE LA PLATIÈRE, 40.
PUIGUILLON (Le s^s DE), maître d'hôtel de Charles IX, 63.
PURTON-COOPER (Charles), cité, 22, note 5.
Puy (*Le*). Évêque : Jean DE CHANDORAT, 11. — Chanoines : *Pontius* et Pierre DE CROTIS, 10.

Quiers, ville de Piémont, 34, 35.

Racherie (*La*), commanderie, 81.
RANDAN (M. DE). — Voir : LA ROCHEFOUCAULD (Jean-Louis DE).
RANDOLPH (Lettres de), 16, note 1.
Ravel (Puy-de-Dôme), 24, 78.
RAVEL (Jacques DE), 12, 13, 85, 86.
RAVEL (M. DE), gentilhomme auvergnat, 78, 79.
Reims. Abbesse de Saint-Pierre : Renée DE GUISE, 46.
Rennes. Évêque : Bernardin BOCHETEL, 16, note 3.
RICCIO (David), secrétaire de Marie Stuart, 16, 17, 28, 42, 45.
Riom (Puy-de-Dôme). Recette des finances, 24, 75-78.
ROBERTET, secrétaire de Charles IX, 60.
Rochelle (*La*), 22, 60, 61.
Rome, 16, 41.
ROSS (DE), gentilhomme écossais, 18.
Rouen, 55.
RUVEN (Lord), écossais, 42.

SAILLANS (Louis DE), 84, 86.
SAILLANS (Philippe DE), 11, 84-87.
SAILLANS (La maison DE), 87.
Saint-Germain-en-Laye (Seine-et-Oise), 21, 61, 63, 91.
SAINT-HÉREM (M. DE). — Voir : MONTMORIN (DE).
Saint-Jean-d'Heurs (Puy-de-Dôme), 24, note 3.
Saint-Laurent (Nièvre). Abbé : Bernardin BOCHETEL, 16, note 3.
Saint-Maur-les-Fossés, 47-49, 52, 53, 57, 58, 91, 92.
Saint-Quentin. Bataille du 10 août 1557, 87.
Saint-Remy-sur-Durolle (Puy-de-Dôme), 9, 10.
SALIGNAC (Bertrand DE), seigneur DE LA MOTHE-FÉNELON. — Voir : LA MOTHE-FÉNELON.
SANDRET (L.), biographe de Philibert du Croc, 12-15, 17-24, 27, 92.
SARLAN ou SERLAN (Antoine DE), maître d'hôtel de Catherine de Médicis, 80.
Sarlant (Puy-de-Dôme), 80, note.
SAVOIE (Le duc DE), 15.
SAVOIE (Jacques DE), duc de Nemours, 46.
Seaton, ville d'Écosse, 25.
Secondigny (Deux-Sèvres). Comte : Arthus DE COSSÉ, 34.
SEGILL, secrétaire de la reine d'Angleterre Élisabeth, 45,
SÉGUIER (Pierre), président à mortier au Parlement de Paris, 62; — membre du Conseil Privé, 61.
SENETAIRE, ou SENNETERRE (Jean DE), seigneur de Fontenille, 23.
SHEPPARD (Thomas), 27.
SHEPPARD DE BRASSAC (Laurence-Catherine-Mina), 27.
SMITH (M. DE), envoyé de la reine d'Angleterre, 53-57.
STUART (Jacques), comte DE MURRAY, frère naturel de la reine Marie Stuart, 18, 48.
STUART (Jacques), prince héritier, puis roi d'Écosse, 19, 65, 66.
STUART (Marie), 12-21, 24, 25, 29, 36, 37, 41, 42, 45, 47, 49, 57, 59, 65, 66, 69, 70, 72, 76.

TARDIEU (Ambroise), cité, 32, note 2.
TAVANNES, gouverneur de Bourgogne, 21.

TEILHARD DE CHARDIN (E.), cité, 22, 60, 78.
TEULET (A.), cité, 13, 14, 18-21, 25-27, 29, 42, 45, 50, 59.
Thiers (Puy-de-Dôme), 9, 13, 24. — Chapitre, 10. — Paroisses, 9. — Notaires : Bonnet Garnier, 82, 83, 87; — Étienne Veilh, 83. — Hôtel du Chapeau rouge, 83, 87.
THOU (Christophe DE), seigneur de Bonneuil, DE CÉLY, etc., premier président au Parlement de Paris, 61, 62; — membre du Conseil Privé, 61.
THOURNTON (M.), 45.
Tortebesse (Puy-de-Dôme), commanderie, 81.
Tournebise (Puy-de-Dôme), 83.
TOURNEBISE (Guillaume DE), 12, 83, 85.
TRAINEL, ou TRAYNEL (Aube). Baron : Christophe JOUVENEL DES URSINS, 59.
TREDIEU, château, 13. — Voir : *Trigneux*.
TRENTE (Concile de), 16.
TRIDIEUX, ou TRIGNEUX (Puy-de-Dôme), 13.
Turin, 35, 36, 40.

Valence, 11, 37. — Évêque : Jean DE MONTLUC, 55.
Valerne (?), 11.
Vallery (Yonne), 51.
Vaujours (Indre-et-Loire), 22, 92.
VEILH (Étienne), notaire royal à Thiers, 83.
VERAC (DE), ambassadeur en Écosse, 68.
Verchère (La), Puy-de-Dôme), 83.
VERTOT (L'abbé), cité, 14.
VIEILLEVILLE, chroniqueur, 11.
Vienne (Autriche), 16.
Villefranche (Rhône ?), commanderie, 84, 86-88.
VILLEROY (M. DE), envoyé en Écosse, 21, 58, 59; — prévôt des marchands de Paris, 61; — membre du Conseil Privé, 61; — secrétaire de Charles IX, 63.
Villers-Cotterets (Aisne), 13, 32, 91.
Vincennes, près Paris, 91.
VINCENT, courrier, 21.
Vinzelle (Puy-de-Dôme), 9.
VINZELLE, notaire, 24.
VIRY (M. André DE), cité, 11, 27.
VOYZÈRE (Antoinette), 24, note 3.

WINTER (DE), vice-amiral d'Angleterre, 54.

ERRATA

P. 12. *Au lieu de :* Bernard, bâtard de Bourbon, *rectifier :* Mathieu, bâtard de Bourbon. — Il s'agit ici du conseiller et chambellan de Charles VIII, qui fut aussi sénéchal de Bourbonnais.

P. 25. Nous nous sommes laissé entraîner à une erreur de traduction du mot *brasser*, qui signifie non pas *embrasser*, mais *mêler*. Le sens de l'argumentation ne change pas et n'en est que plus accusé : du Croc a refusé de se mêler aux noces de Bothwell. On sait d'autre part, en effet, que l'ambassadeur de France n'assistait pas à la cérémonie nuptiale (Teulet, *op. cit.*, tome II, page 296).

TABLE DES ILLUSTRATIONS

	Pages
ARMOIRIES DE LA FAMILLE DU CROC	30
CHIFFRE DE BOCHETEL DE LA FOREST	32-33
LETTRE CHIFFRÉE DE CATHERINE DE MÉDICIS	56-57
LETTRE CHIFFRÉE DE CHARLES IX	80-81

TABLE DES MATIÈRES

Pages

Préface 7

Introduction.

La famille du Croc 9

La vie de Philibert du Croc 12

Le caractère de Philibert du Croc et l'importance de son rôle 25

Les papiers de Philibert du Croc : leur dispersion et leur importance 26

Les papiers de Philibert du Croc 31

Annexes.

I. — Preuves de Malte de Guillaume du Croc 81

II. — Supplément à l'Itinéraire de Catherine de Médicis 91

Table alphabétique des noms de lieux et de personnes 93

Errata 100

Table des illustrations 100

Achevé d'imprimer le dix-sept septembre mil neuf cent vingt-quatre par l'Imprimerie Nouvelle l'Avenir (Association ouvrière), Nevers. — Illustrations de la Maison Hemmerlé, Lyon.

www.ingramcontent.com/pod-product-compliance
Ingram Content Group UK Ltd.
Pitfield, Milton Keynes, MK11 3LW, UK
UKHW021547260726
13993UKWH00002B/694